나는 **영어**를
정말 잘하고 싶었다

나는 영어를 정말 잘하고 싶었다

초판 1쇄 2022년 03월 28일

지은이 이계석 | **펴낸이** 송영화 | **펴낸곳** 굿위즈덤 | **총괄** 임종익

등록 제 2020-000123호 | **주소** 서울시 마포구 양화로 133 서교타워 711호

전화 02) 322-7803 | **팩스** 02) 6007-1845 | **이메일** gwbooks@hanmail.net

ⓒ 이계석, 굿위즈덤 2022, *Printed in Korea*.

ISBN 979-11-92259-07-9 03190 | **값** 15,000원

"당신의 꿈에 영어라는 날개를 달아라!"

이계석 지음

나는 영어를
정말 잘하고 싶었다

영어를 잘하고 싶다는, 잘할 수 있겠다는 마음이 솟아오르는 책!

굿위즈덤

프롤로그

어떤 일을 시작하고 실행하는 것에는 인고의 시간과 어려움이 따른다.

"표적은 겨누고만 있으면 결코 맞출 수가 없으며 도전 없이는 성공도 없다. 늘 안전하기만을 바란다면 무기력해질 수밖에 없는 일이다. 우리가 어떤 일을 바르게 할 수가 있다는 것은 그 동안 겪은 숱한 실패의 대가로 얻게 된 것임을 알아야 한다."

– 뉴만 추기경(Cardinal Newman)

영어나 외국어의 습득과 학습의 단계에서도 전문적인 숙달의 단계, 완전한 숙달의 단계에 오르기 위해서는 외부와 타협하지 않고 본인이 자신과 약속한 계획들을 습관화시켜 실행해나가야 한다. 시대가 변해갈수록 영어의 사용범위는 무궁무진하게 확장되고 있다. 모든 컴퓨터 프로그래밍이나 코딩, 게임, 콘텐츠들이 영어로 접근해야 하는 부분이 많다.

영어는 언젠가부터 선택사항이 아니라 필수사항이다. 생존을 위한 필요충분조건이 됐다. 지금은 변화하는 글로벌 시대에 생존의 도구로 영어가 절실하게 요구되는 때이다.

'이제부터라도 늦지 않았다. 영어를 공부하는 진짜 목적과 목표를 세워라! 그리고 당신의 꿈을 당당히 펼치는 데 영어의 날개를 달아서 세계로! 세계로 나아가라!'

필자에게 영어는 친구 같은 존재이다. 늘 같이 걸어가고 함께하고 있으니 말이다. 미국 가던 경유지 공항에서 항공 티켓을 잃었을 때 가장 큰 무기가 되어주었다. 일본의 호텔에서 소지품을 잃어버렸을 때 큰 도구가 되어주었다. 말레시아 비즈니스 여행 때 주점에서 단체로 바가지 쓰고 비싼 값을 치를 뻔했을 때 가장 유익하고 재미난 사건의 해결도구가 되어주었다.

미국의 레스토랑에서 음식 주문을 못 하고 식사도 못 하고 있는 단체와 같이 맛있는 메뉴를 주문해서 모두 함께 즐겁게 식사했을 때 좋았다. 식당 내부는 바쁘고 붐비고 혼잡할 때 영어는 순간의 구원 투수였다. 필자는 어린 시절부터 가방에는 늘 『카네기 성공철학』이라는 책이 들어 있었다. 작고 얇은 책이지만 필자에게 삶의 방향을 제시해주고 큰 힘이 되어 항상 지니고 다녔다. 자기계발 도서와 명언들과 채근담은 힘들고 지칠 때마다 꺼내보는 삶의 나침반이자 등대가 되어주었고 길라잡이가 되어주었다. 대학의 강단에 서기까지 험난한 꿈의 실현을 위한 여정에 손 내밀어 멘토의 역할을 해주었다.

필자가 36세의 나이에 대학 강단에 서는 꿈이 실현되는 그 순간부터 50세까지 대학의 강단과 학교는 필자의 심장을 가장 빠르게 뛰게 했던 행복한 순간들이 함께한 곳이었다. 학생들에게 영어를 가르치고 함께한 시간은 삶의 에너지의 소산이고 즐거운 시간이었다. 필자에게 학교란 대지 위에 있는 공간 중에서 가장 아름다운 곳, 이상과 꿈을 키울 수 있는 곳이 되었다.

필자의 삶에서 꿈을 이룰 수 있도록 희망이 되어주고 삶의 잔잔한 감동과 멘토가 되어준 고마운 분들이 많다. 때로는 삶의 나침반이 되어주고 또 때로는 망망대해를 항해하는 작은 배의 등대가 되어준 스승님들이 많다. 시간이 지나고 출발했던 삶의 베이스 캠프에서 멀어질수록 애잔한 그리움과 삶의 애착과 영롱한 고마움이 아침의 여명처럼 떠오른다.

'누나야, 우짜꼬~ 시험에 합격했뿟다.' 대학 학력고사가 있던 시절, 지금의 수능과 같은 대학입학 학력고사 시험에 합격하여 남동생이 필자에게 전화로 한 말이다.

새내기 늦깎이 대학 생활은 시작되었다. 필자가 몇 년간 번 돈으로 등록금과 학비를 남동생과 나누어 내고 대학에 같은 학번으로 입학하게 되었다. 입학 후 남동생 이우돈은 한 학기를 마치고 해병대에 자원하여 군복무를 하게 되었다. 필자는 한국장학협회의 전액장학생으로 선발되어 대학교에서 임상병리학 공부를 장학금으로 시작할 수 있었다. 병리사 국가고시 면허증을 취득하고 병ㆍ의원 검사실에서 근무했다. 대학원 입학을 위해서 편입했다. 눈이 시리도록 하루 종일 현미경을 보고 리딩을 해야 하는 검사센터의 넘쳐나는 과중한 업무와 긴 시간의 출ㆍ퇴근에도 교수의 꿈을 접어본 적은 없었다.

  필자에게 대학의 길을 열어주시고 대학에서 강의를 할 수 있도록 강단에 세워주신 마산대학교 류재두교수님, 곽성규교수님, 김충환교수님, 김성미교수님께도 감사의 인사를 드린다. 그리고 김수근임상병리센터 원장님, 세준검진센터의 원장님과 한솔병원 이천식원장님께도 감사의 인사를 드린다.

  국립창원대학교 대학원 영어영문학과 석사과정의 지도교수이신 이영길교수님, 그리고 노명현교수님, 서영환교수님의 지치지 않는 열정과 훌륭한 이끄심에 감사를 드린다. 기초교육원의 교육역량강화사업의 연구원으로 기여를 하게 해준 임미경선생님과 이건혁원장님께도 감사를 드린다. 국립경상대학교 대학원 영어영문학과 박사과정의 지도교수이신 석종환교수님, 그리고 대학원의 김두식교수님, 이광호교수님, 오세랑교수님, 여러 은사님들의 지도와 관심과 독려 덕분에 여기까지 올 수 있었다. 영어영문학도의 길과 국립경상대학교 대학 강단에서 강사의 길을 바르게 갈 수 있었음에 고개 숙여 감사를 드린다.

36세의 나이에 가장 먼저 창신대학교에서 대학 첫 강의를 필자를 믿고 맡겨주신 강정묵총장님과 김성신교수님 부부께도 이 자리를 빌려 깊은 감사의 인사를 드린다.

　학문의 길은 끝이 없다.

　'자왈 학여불급 유공실지(子曰 學如不及 猶恐失之).' 공자가 말했다. "배우면 도달하지 못한 듯하고, 오히려 알고 있는 것도 잃지 않을까 걱정하라."(『논어』「태백」편) 배움을 삶에 반영하는 일이 중요하다. 강단에 설 때나 조직이나 단체를 이끌어갈 때도 배움으로 길을 찾고 방향을 정하며 결단과 선택을 할 때도 배움은 늘 담장 밑 아지랑이처럼 따스한 온기로 필자의 걱정 근심 많은 삶에 자양분이 되어주었다.

　필자는 늘 목마른 하이에나처럼 서양의 학문과 동양의 학문을 공부하고 있다. 지금은 고인이 되신 백은 이맹중선생님, 도원 이창호선생님의 가르침을 늘 머리와 가슴에 새기며 살아간다. 필자를 서도의 길로 이끄시는 진재 이성곤사부님과 지영화실의 박지영선생님, 마루 강순녀선생님 그리고 10년의 시간을 함께해온 도반님들과 서우님들께도 감사를 드린다.

필자는 〈한국책쓰기강사양성협회(이하 한책협)〉 김태광대표가 운영하는 책쓰기 교육과정을 통해 단 3개월 만에 작가가 될 수 있었다. 8년 전 김태광대표코치님의 권유에도 개인적인 사정과 바쁘다는 이유로 주저하고 있다가 다시 책쓰기 과정을 전수받을 수 있었다. 진작 진가를 알아차리고 책쓰기를 했더라면 좋았을 것을 하는 아쉬움도 많이 남는다.

이 책이 세상에 얼굴을 드러내기까지 독설과 정성을 쏟아주신 〈한책협〉의 김태광대표코치님과 의식성장을 위해 작가들의 삶을 고양시키고 고취시켜주는 의식성장대학 권동희총장님께 감사드린다. 그리고 가장 가까운 곳에서 작가들의 세심한 과정들을 챙겨주는 주이슬코치님과 〈한책협〉의 여러 코치님, 직원분들께도 감사드린다.

이 책이 출판되기까지 애써주시고 길라잡이가 되어주신 굿위즈덤 출판사의 관계자님들께도 감사의 말씀을 전한다.

필자가 공교육과 사교육의 길을 떠나 글로벌 비즈니스를 시작한 지 벌써 몇 년이 훌쩍 지나갔다. 2019년부터 현재 필자가 몸담고 있는 전 세계 거래소에 잇따른 상장을 하고 있는 회사가 있다. 코즈볼(Cosball)이다. 코즈볼의 철학은 선함, 공존, 평등이다. 글로벌사업의 혁신가이자,

세계 최초 개인별 매일 맞춤 화장품의 The Great first Mover의 아이콘인 코즈볼(Cosball)의 장인상회장님과 금화작가 화백 김일태명예회장님, 이분들을 만난 것은 큰 복을 지어 하늘이 내린 인연이다. 그동안 회사가 우뚝 서서 글로벌로 진출하기까지 우직하게 동반자 역할을 해주신 전용운의장님, 이현주이사님, 협력 파트너사의 대표님들께도 고마움과 감사를 드린다.

특히 코즈볼이 세상에 이름을 떨치기까지 장인상회장님과 함께 일등공신이 되어주신 협력파트너사인 ㈜파인메타 컨설팅(Fine Meta Consulting co.,Ltd.) 김성근대표님, 최명희부대표님, 이다원부대표께 감사를 전한다. 지금까지 언니인 필자의 건강과 인생 전반의 부분을 비즈니스 파터너이자 동반자로서 자신의 일처럼 여기고 곁에서 동고동락한 따뜻한 정성과 마음에 감동의 메시지를 이다원 부대표께 전하고 싶다.

'자왈 지지자 불여호지자 호지자 불여락지자 (子曰 知之者 不如好之者 好之者 不如樂之者)'(―공자가 말 했다. "아는 것은 좋아하는 것만 못하고, 좋아하는 것은 즐기는 것만 못하다.")(『논어』「옹야」편)

필자가 지금껏 인고의 시간을 참고 견디며 올 수 있었던 것은 배우고 즐기는 삶이 있었기 때문이다. 고생스러워도 힘들다거나 현실을 원망하지 않을 수 있었다. 그중 으뜸은 섬기는 삶을 사는 신앙의 힘도 컸지만 지치지 않는 배움의 열정이 뒷받침되어주었기 때문일 것이다.

지금껏 모진 인고의 시간을 참고 견디며 헌신해주시고 시집 장가보내주시며 부친의 췌장암의 수발과 고충을 감내해주신 창녕의 모친께 감사를 드린다. 아버지의 병원 검진에 함께하고 의약품을 조달하고 간호를 위해서 형제를 대신하여 다니던 회사를 퇴사하고 아버지의 병수발을 해준 막내 여동생 수민이에게도 늘 가슴에 품고 살던 감사의 말을 꺼내어 전해본다.

창녕 식구들과 형제 · 자매들 그리고 시댁의 거창 가족분들께도 감사를 드린다.

필자가 집을 떠나 부산의 부산대학교병원, 동아대학교병원, 일신기독병원 임상병리과 검사실 실습과 수련과정 때 새벽 밥을 해주시던 고모님께 고마움을 전해드리며 건강하시고 오래오래 사시길 빌어본다.

엄마 없는 질녀의 둘째 아이의 출산과 해산을 위해 2달여 동안 도와주시고 친딸 이상으로 정성을 다해 미역국을 끓여 주시며 필자의 가족을 따뜻이 진심으로 맞아주시던 장미주숙모님과 이시현숙부님께도 이 지면을 통해 감사의 마음을 전해드리고 싶다.

한여름 어느 날, 필자가 여중 1학년 때 간암으로 어머니는 향년 39세의 아름다운 나이에 홀연히 하늘나라로 가셨다. 코스모스처럼 하늘거리는 가냘프고 조용한 성품의 소유자인 엄마! 그 이름을 많이 불러보지도, 한없이 불러보지도 못하고 살았다. 애써 씩씩하고 용감한 척하며 하루하루 뚜벅뚜벅 빗길을 걷는 나그네처럼 살았다. 무엇이 이토록 절절하게 목놓아 울지 못하도록 강하게 단련을 시켰을까? 아무도 가르쳐주지도 않는 방랑자 같은 인생길에 처연하게 슬픈 날도 많았다. 이불을 뒤집어쓰고 설움에 북받쳐 몰래 울어본 날도 있었다. 그래도 돌아오지 않고 상황은 변함이 없었다. 그래서 언젠가부터 깨달은 깃은 묵묵히 현실을 직시하고 무소의 뿔처럼 우뚝 서 묵묵히 앞으로 나가는 것이었다.

삶에는 저마다의 임계점이 있는 것 같았다. '모든 생존하는 생에는 삶의 길이와 무게와 함량이 똑같을 것이다. 그것은 빨리 겪느냐 늦게 겪느냐의 차이일 것이다' 라는 생각을 하게 되었다. 그래서 혼신의 힘을 다해서 여기까지 살아왔다. 우울한 날이 오래도록 지속되던 때도 있었다. 공황장애 같은 무섭고 불안한 날도 삶 속에 많았다. 그래도 돌아가 쉴 곳은 없었다. 그래서 언젠가부터 살기 위해서 기도를 올렸다. 끝없는 화살기도로 불안감을 떨쳐버릴 수 있었다.

지금 이 자리가 있기까지 올바른 길로 올 수 있도록 서로 격려하며 잘 살아준 필자의 형제 · 자매들께 고마움을 전하고 싶다.

필자의 사춘기 시절은 아버지에게 참 버거운 존재였을 것이다. 당돌하고 굽힐 줄 모르는 아집과 고집이 세어 새어머니를 참 힘들게 만드는, 힘든 존재, 그 자체였을 것이다. 유일하게 아버지에게 주장을 말하고 눈물로 호소하고 반항하던 여중생이였으니 가히 짐작하건데 아버지는 필자로 인하여 고심을 많이 하셨을 것으로 생각된다. 지금 생각해보면 필자는 아버지께 호락호락하지 않는 당돌한 사춘기의 딸이었던 것 같다. 그 시절 필자는 하루하루 힘겨운 생활과 현실에 잠을 자는 도중에 가위에 자주 눌리곤 했다. 영원히 끝이 나지 않을 것 같은 흐린 날이었음에도 불구하고 지금은 광활하고 눈부신 태양이 빛나고 있다.

나는 영어를 정말 잘 하고 싶었다

그래도 다행인 것은 할머니가 살아계셔서 울타리가 되어주신 것이었다. 필자를 고모님들께 늘 자랑하며 칭찬해주셨던 것이 필자의 앞길에 자신감을 불러일으키고 자존감을 높여준 큰 울림의 보고(寶庫)였다. 지금 생각해보면 필자의 삶 속에서 할머니는 저녁노을이 지는 가을 들녘에 하늘거리는 갈대숲처럼 흔들리고 힘들 때 필자의 눈물을 닦아주는 작은 손수건이었다. 그 기억은 굴뚝에서 피어나는 밥 짓는 아궁이의 연기같이 아스라한 향연으로 피어오르는 애달프고 애잔한 추억의 역사로 남아 필자의 가슴에서 살아 숨 쉬고 있다.

필자는 '대(大)를 위해서 소(小)를 희생하라'는 아버지의 말씀을 새기며 살았다. 아버지는 필자가 집을 떠나 도시에서 공부하고 일하는 것을 반대하셨다. '대(大)를 위해서 소(小)를 희생'하라는 말씀이 평생 필자의 뇌리를 지배하고 있다. 묵언수행의 길을 가는 수행자처럼 길을 안내하는 행동지침 같은 역할을 해왔다. 그래서 큰딸이라 동생들의 남은 학업을 도우고 지원해야했다.

필자는 아버지께 겨우 5,000원의 차비를 얻어 도시로 꿈을 찾아 나왔다. 필자의 첫 출발에 생 살점을 떼어내듯이 정성스러운 마음으로 묵묵히 후원과 지원을 해준 사람은 다름 아닌 오빠였다. 40년 전 동생인 필

자의 앞길에 격려와 종잣돈 66만 원(월세 20,000원, 검정고시 학원비 20,000

원, 생활비 20,000원)의 지원을 아끼지 않았던 이수현오라버니와 늘 애정

을 다하여 챙겨주고 염려해주는 곽영순올케언니께도 눈물겨운 감사의

인사를 드리고 싶다.

초지일관 40여년을 ㈜대원강업의 전담 업무와 홍보기사 글쓰기, 취재

등으로 일신우일신(日新又日新)하는 외조의 신, '그럼에도 불구하고' 필자

를 선택해주고 동반자로, 언제나 옆에서 기다려주고 묵묵히 오랜 시간을

물심양면(物心兩面)으로 지지해주고 동고동락(同苦同樂)하며 희노애락(喜怒

哀樂)을 같이 하며 외조해준 오동규남편에게도 이 지면을 빌려 고마움을

전한다.

멀티미디어와 영화 콘텐츠 관련 일과 코즈볼의 사업에 관심을 갖고 있

는 아들 세한, 엔터테이너의 길을 걷고 있는 딸 세진(리나)에게도 가족으

로서의 희생에 대한 고마움을 전한다. 늘 바쁜 엄마를 이해해주고 도와

주고 힘들거나 아프거나 우울할 때 피아노를 연주해주며 위로해주고, 때

론 근사하고 맛있는 밥상을 차려 멋진 이벤트를 해주고 기쁨과 즐거움을

주던 아들 안셀모와 딸 헬레나와 함께하는 고마운 삶은 세월이 지나 지

칠 때 조용히 꺼내볼 수 있는 아름다운 추억의 시간 여행이다.

끝으로 이계석 영어교실과 영어학원을 운영하는 동안 함께한 학생들과 믿고 맡겨주신 학부형님들께도 감사의 인사를 드린다. 일일이 열거할 수 없지만 많은 분들의 격려와 관심과 사랑의 이끄심으로 여기까지 왔다. 이 지면을 빌려 감사의 인사를 드린다.

삶이 다하는 날까지! 늘 깨어 있어 기도하고 준비하는 필자의 길로 인도하시는 창조주께 찬미와 영광을 드린다.

삼라만상이 태동하고 봄의 향연이 시작되는 임인년 삼월에

시래 이계석 감사의 글 쓰다

CONTENTS

CHAPTER 1 영어회화, 어떻게 하면 잘할 수 있을까?

CHAPTER 2 영어공부는 동기부여가 중요하다

CHAPTER 3 막혔던 영어를 속 시원히 뚫어줄 핵심 포인트

CHAPTER 5 결국 영어의 정답은 꾸준함이다

CHAPTER 1

영어회화,
어떻게 하면 잘할 수 있을까?

1

영어를 빨리 끝낼 수 있는
지름길은 없을까?

The most difficult thing is the decision to act, the rest is merely tenacity.
가장 어려운 것은 행동에 대한 결정이고 나머지는 끈기에 대한 결정이다.

– Amelia Earhart –

우리 사회의 일반인들이나 직장인들은 언제나 영어공부를 우선으로 계획을 세운다. 하지만 오랜 시간이 지나면서 흐지부지되고 목표로 했던 과녁에서 멀어져간다는 생각을 많이 할 것이다.

직장인으로 일하면서 영어를 빨리 끝낼 수 있는 방법은 좀 더 효율적으로 학습할 수 있는 교재와 방법과 콘텐츠들을 찾아 학습 길잡이대로 해보는 것이다.

『나는 영어를 끝장내고 인생이 완전히 바뀌었다』의 최용일 저자는 '직장인에게 최고의 자기계발은 영어다'라고 말한다. 저자는 '영어를 잘하게 되면 세상을 더 넓고 행복하게 살아갈 수 있게 된다. 영어를 잘하게 되면 세계의 많은 곳을 자신의 의지로 걸을 수 있다. 그리고 다양한 음식을 즐기고 여러 나라의 사람들과 대화할 수 있다. 그래서 영어를 할 수 있게 되면 그렇지 않은 경우의 사람들보다도 더 큰 행복감을 느낄 수 있다'고 경험을 말한다.

회사는 사원들의 외국어 능력을 중요하게 여긴다. 왜냐하면 회사의 비즈니스 중 다른 나라와 커뮤니케이션을 통해 해야 하는 일들이 점점 많아지고 있기 때문이다. 생산, 마케팅, 영업, 고객관리, 구매, 기술 등의 비즈니스 커뮤니케이션이 영어와 중국어 등 외국어로 많이 진행되고 있다. 이메일, 전화, 미팅, 상담, 면담, 계약 등의 업무를 할 때 수준 높은 영어가 필요해진 것이다.

사회가 디지털화, 세계화될수록 영어에 대한 필요성은 점점 더 커지고 있다. 아무리 번역프로그램이나 기능이 잘 개발되더라도 외국어 능력을 보유한 인재는 우대를 받는다. 회사들이 매년 승격시즌에 직원들의 업무 능력을 따질 때 빠지지 않는 것 역시 외국어이다. 특히 영어 능력을 많이 본다. 승격의 대상자인 A와 B의 업무고과가 같은 상황이라면, 어학 능력이 있는 사람은 승격이 되고, 어학 능력이 없는 사람은 탈락한다. 그만큼 어학 능력은 어떤 사람의 능력을 평가할 때 최후의 기준이 된다. 그래서 회사 내에서 승격을 원한다면 '어학 능력 보유는 필수다'라고 회사 생활에서의 경험과 상황들을 저자는 말한다.

글로벌 사회가 되면서 직장인 대부분은 영어에 대한 스트레스를 받고 있는 것이 화두가 되었다. 직장 내 영어 사용 빈도는 높지 않으나 영어의 중요성에 대해서는 높게 평가를 하고 있는 것으로 나타났다.

영어회화 프로그램인 휴넷이 직장인들을 위해 개발한 데일리스낵이 직장인 620명을 대상으로 설문조사를 한 결과, 응답자의 95.5%가 '직장 생활을 하며 영어 스트레스를 받는다'고 답했다.

직장인이 영어 스트레스를 받는 때는 '전화, 메일, 등 업무 중 영어를 사용해야 할 때'(32.3%)가 1위를 차지했다. 2위, '영어로 된 정보를 직접 이해하고 싶을 때'(21.9%), 3위, '영어를 잘해서 기회를 잡는 동료를 볼 때'(17.4%), 4위, '해외여행 갈 때'(13.5%), 5위, '승진, 이직 등 영어점수를 기재해야 할 때'(12.9%), 기타(2.0%) 순으로 나타났다.

  – "직장인 96% "영어 때문에 스트레스 호소"",〈더밸류뉴스〉, 2020.
06. 12.

  복수 응답이 가능했던 영어공부 방법으로는 온라인강의, 무료 SNS채
널의 비중이 가장 높았으며 다음으로는 영어 어플, 학원, 전화영어, 개인
과외/그룹스터디 등이 뒤를 이었다. 영어공부를 할 계획이 있느냐는 질
문에는 '하겠다'는 응답자가 압도적으로 많았다.

  "워킹홀리데이에서 가장 중요한 것은 언어장벽이라고 한다. 한국인 학
생들이 오랜 기간 동안 영어를 공부해왔지만, 직접 현장에 뛰어들어 영
어로 대화를 하려 하면 막상 한 마디도 못 하는 게 현실이다."

  – 권동희,『나는 워킹홀리데이로 인생의 모든 것을 배웠다』

  우리나라에서의 영어교육의 문제점은 시험문제의 정답과 성적을 중요
시하는 교육 풍조의 한계라고 지적하는 사람들이 많다. 그래서 우리나라
의 영어 교육도 영어회화나 비즈니스 현장의 업무에 더 중점을 두는 교

육과정이 필요하다.

『딱 이만큼 영어회화』의 저자 김영익은 10년 이상 영어를 배웠지만 만족할 만한 결과를 얻지 못한 이유를 인풋(input)에서 아웃풋(output)으로 이어져야 말문이 열리는데 그렇지 못하기 때문이라고 말한다. 지금까지 학교에서나 학원에서 인풋 중심의 영어공부를 해왔기 때문에 아웃풋을 할 기회나 경험 부족을 지적하고 있는 것이다. 영어가 안 되는 이유를 저자는 영어로 말하는 환경을 만들지 못했기 때문이라고 덧붙인다.

coffee and cookies

▶ First things first.

중요한 일부터 먼저!

▶ The customer is always right.

고객은 왕이다.

▶ I split with my partner.

동업자와 갈라섰어요.

▶ You can't fight the system.

회사(조직)하고는 싸워봐야 소용없어.

▶ More power to you !

건투를 비네. 잘 해보게.

2

회화를 잘하려면
영어 듣기가 우선이다

Great achievement is usually born of great sacrifice,
and is never the result of selfishness.
위대한 업적은 보통 '위대한 희생'에서 태어나며, 결코 이기주의의 결과는 아니다.

— Napoleon Hill —

전화 영어를 해본 경험이나 직접적으로 외국인과 전화로 통화를 해본 경험이 있는가? 의외로 영어의 청취가 쉽지 않다는 것을 많이 느꼈을 것이다.

몇 년 전의 일이다. 도의원을 지낸 지인이 재선에서 고배를 마시고 해외 비즈니스를 해야 하니 영어를 가르쳐줄 수 있는지를 문의를 해왔다. 그래서 나는 몇 가지를 제안했다. 수업시간을 할애해야 하는 부분이다.

첫째, 수업은 일요일을 제외하고 매일 아침 2시간씩 한다. 둘째, 수업에 절대로 빠지지 않는다. 셋째, 영어의 청취는 매일매일 본인이 좋아하는 콘텐츠로 한다. 넷째, 최소한의 고등학교 정도의 문법들을 익힌다. 다섯 번째, 어휘를 반복하여 익힌다. 이렇게 몇 가지를 제안했는데 흔쾌히 그렇게 하겠다고 했다. 수업이 시작되고 진행되는 매일매일의 시간마다 성실히 임했고 수업에 늦는 일도 없었다. A4 한 장에 빼곡히 적힌 하루의 계획표에도 수업에 늦는 적이 없었다.

수업이 진행될수록 어휘 실력을 발휘해서 영어를 말하는 데는 큰 어려움이 없었다. 그런데 청취의 부분은 하루아침에 훈련 과정을 통해 많은 양을 해내기는 어렵다. 그래서 수업이 끝나면 집에서 본인이 좋아하는 방식의 영어청취를 하도록 했다. 본인은 영화를 좋아해서 집에 가면 커피 한잔을 마시며 영화를 보면서 청취훈련을 한다고 했다. 그래서 거의 3개월이 되는 즈음에 회화의 가속도가 붙어서 큰 어려움 없이 영어를 잘 구사했다. 수업 중간마다 거의 일어서서 수업하기를 많이 요청했는데 잘 응해주었다. 많은 시간 수업을 서서 하게 했던 이유는 다시 정치를 할 때를 대비하기 위한 연설의 의미와 외국인을 만났을 때나 비즈니스를 할 때 적극적인 자세와 능동적이고 자신감을 심어줄 수 있는 훈련들을 매 수업시간마다 하게 된 것이다.

그래서 지금은 누구든지 시간만 본인이 내어주고 허락한다면 그리고 영어 배우기를 간절히 원한다면 회화를 하는 시간은 2~3달 정도 꼬박하면 언어를 구사하도록 도와주고 코칭해줄 수 있겠지만 청취의 부분은 충분한 시간의 임계점을 넘어서야 한다는 것을 체험한 사례이다.

내가 공교육과 사교육을 해 오면서 영어의 청취나 말하기 부분에서 학생들이 어려워하고 나와 한국인들이 어려워하는 부분들을 조금 더 신경 쓰고 유념해서 언어를 사용한다면 훨씬 고급스러운 언어를 구사할 수 있을 것이다. 나의 경우 영어연설이나 영화나 영어교육 자료들을 접할 때 청취의 어려움을 느끼는 경우가 많다. 특히 빠른 언어를 구사할 때는 더욱 알아듣기가 쉽지가 않다. 학습을 위한 경우는 여러 번 반복하면 되지만 시험이나 실제 외국인을 만나서 청취를 하는 경우라면 더더욱 정확한 소리를 들어야 한다.

영어의 청취 부분은 연음처리나 유음화 현상이나 스와(영어의 비강세모음 [ə])현상, 시제나 수, 일치의 문제, 관사 부분, 내용어와 기능어의 부분의 청취에 대한 학습을 한 후에 접근을 하고 훈련을 해나가면 훨씬 더 능력을 향상시킬 수 있다.

※ /l/과 /r/ 이 연이어 오는 경우 /l/과 /r/이 연이어 오면 /r/의 힘에 /l/이 힘이 약해져 소리가 사라진다.

alright에서 앞의 /l/발음은 탈락되어 [오어//r/ 와잇]으로 소리가 난다.

※ 3중 자음에서의 중간 자음 생략, 3개의 자음이 연이어 오면 중간자음은 탈락되거나 약하게 발음을 한다.

ex) Thinks, temptation

※강자음 /s/뒤의 /T/음의 탈락, 강자음 /s/뒤에 약자음 /t/가 연이어 오면 /s/에 /t/음이 묻혀 사라진다.

ex) must be 머스트 비(x)

머스 비(o)

※ 〈묵음〉

문자상으로 나타나지만 실제로는 발음되지 않는 것을 말한다.

aisle[ail]-s 묵음

※ 단어를 외울 때 발음도 함께 외워야 들을 때 그 단어가 쉽게 떠 오른다.

※ 「자음+모음」의 연음 자음으로 끝나는 말과 모음으로 시작되는 말이 연이어 오면 한 단어처럼 연결되어 들린다. find out[파인다웃]

※ 〈n 뒤에서 소리나지 않는 t〉

/t/가 모음 사이에 _nt의 형태로 오면 발음하지 않는 경우가 많다.

ex) internet [이너넷], twenty [트웨니]

스마트폰이 일반화되고 일상생활에서 이어폰을 많이 활용해서 영어를 듣는 10대나 20대, 30대는 청취시험에서 예전보다 점수가 높게 나온다. 하지만 지금의 40대 50대 직장인들은 청취의 부분에 시간이 많이 걸린다. 상대의 이야기를 알아듣는 것은 언어를 배우는 가장 기본이며 핵심이기 때문에 영어의 청취는 의사소통의 가장 우선순위이다. 대부분의 영어학습자들은 원어민과 대화를 할 때 상대의 이야기에 집중해서 듣기보다는 말하기에 집중한다. 정확한 문법을 사용하는지 적절한 어휘 선택을 하는지를 찾아내기에 급급하다. 많은 영어학습자들은 영어를 사용할 때 문법이나 어휘의 선택과 부족으로 실수를 두려워한다.

나의 경우도 예전에 전화영어를 6개월 정도 학습한 적이 있었다. 교재를 가지고 하는 수업은 진도에 맞게 수업을 진행하면 큰 어려움이나 두려움이나 걱정이 없었다. 그런데 프리토킹의 자유 주제의 대화에서는 생각보다 더 큰 어려움에 부딪히게 된다. 때로는 질문을 알아듣기가 쉽지 않을 때도 있다. 설령 알아들었다고 할지라도 특정 주제에 대한 어휘나 상황들을 설명해나가야 하는 때는 여간 난감한 일이 아니다. 일대일의 대화 상황이라면 더더욱 많은 시간을 대화의 상대가 오랜 시간을 생각해서 말할 때까지 기다려야 한다는 부담이 크다.

『노력이 필요없는 영어(Effortless English)』의 저자 A. J Hoge는 현재

'세계 1위의 영어교사'로 알려져 있고 전 세계적으로 4천만 명 이상의 학생들이 수강한 커뮤니티의 진행자이다. A. J는 '말하기의 대부분의 시간을 들어라.'라고 말한다. 대화를 시작할 때 대부분의 학습자들은 말하기에 집중한다. 그들은 정확하게 말하는 것을 걱정한다. 그들은 적절한 단어를 기억하는 것을 걱정하고 실수하는 것을 두려워한다.

영어학습자가 말하는 것보다 듣는 것을 우선으로 했을 때의 이로운 점을 A. J는 이렇게 말한다.

"당신의 목표가 말하는 것보다 듣는 것일 때, 당신은 영어를 많이 배울 것이고 또한 좋은 친구가 될 수 있다."

원어민과 대화를 할 때 청취를 잘하게 되면 말하기에 두려움을 느끼던 시간들이 훨씬 더 편안하다. '무슨 말을 할까?'를 생각하며 긴장하던 시간도 덜 불안하여 맥락 속에서 자연스럽고 편안한 대화의 소재를 이끌어갈 수 있다. 실제 원어민과의 대화에서 진정한 힘은 말하기가 아니라 듣기에서 나온다. 원어민과 이야기할 때 청취자는 엄청난 기회를 가진다.

그들은 원어민이기 때문에 구어체 영어를 잘 구사하기 때문에 영어를 위한 가장 좋은 재료라고 말한다. 그들은 자연스럽게 사용빈도가 높은 구절, 숙어, 속어와 문법을 사용하기 때문이다. 또한 원어민의 발음, 새로운 단어, 관용어구 등을 배울 수 있는 기회를 갖게 된다.

결국은 영어를 유창하게 구사하기 위해서는 영어를 많이 들어야 한다. 가급적이면 쉽게 이해할 수 있는 영어 오디오나 동영상, 미국드라마 등을 많이 보고 듣는 것이 유리하다. 영어오디오 MP3를 다운로드해서 반복해서 오디오북과 함께 듣는다. 반복한 내용들은 여러 번 소리 내 낭독해 본다. 또한 본인이 흥미를 느끼는 짧은 스토리의 영화를 골라 영어자막 없이 영화를 시청한다. 여러 번 반복한 후 들리지 않는 부분을 학습한 후 그 부분을 섀도잉/쉐도잉(shadowing) - 특정 외국어의 듣기와 말하기 실력을 향상시키기 위해서 외국어를 들음과 동시에 따라 말하는 행위 - 한다. 그다음 다시 영어자막 없이 들은 후 어느 정도 내용 파악이나 이해가 되면 자막을 이용하여 관심 있는 부분의 문장들을 옮겨 적어 놓고 자주 읽어본다.

나는 개인적으로 유튜브의 영어 콘텐츠 중에서 장시간의 듣기프로그램을 많이 활용하는 편이다. 하지만 내가 가장 추천하는 영어 청취를 위한 프로그램으로는 TED(테드, Technology Entertainment Design)를 추천하고 싶다. TED는 18분 내외의 강의를 제공한다. TED는 비영리기술, 오락, 디자인, 강연회 및 일종의 재능기부 콘텐츠다. 재능기부자의 지식, 경험을 공유하는 체제이다. TED는 교육적이고 교훈적인 내용을 많이 담고 있다. 또한 유튜브 동영상으로 본인의 목적에 맞는 영상들을 꾸준히 반복해서 들으면서 영어의 환경에 노출시켜야 한다.

요즈음은 특히 비대면의 시대이기 때문에 거리에서 외국인들과의 대화로 청취력을 높이기가 쉽지 않다. 영어를 배우기 위한 목적과 뚜렷한 의지가 확고하다면 외국에 어학연수를 가지 않아도 다양한 콘텐츠로 영어를 정복해나가는 방법을 찾을 수 있다.

TED에서 볼 수 있는 Jay Walker(제이 워커)의 〈The world's English mania (세계의 영어 광풍)〉을 보자.

Jay Walker

『그릿(Grit)』의 저자 앤절라 더크워스(Angela Lee Dockworth)는 IQ, 재능, 환경을 뛰어넘는 열정적인 끈기의 힘, 실패, 역경, 슬럼프를 이겨 낸 사람들만이 가진 성공의 비밀을 TED에 담고 있다.

전 세계 20억 인구가 영어를 학습하고 있다. 빠르게 세계화되어가는 중국에도 영어 광풍이 몰아닥치고 있다.

영어를 쉽고 편하게 청취하는 훈련은 곧 영어를 유창하게 구사하게 하는 핵심 열쇠가 된다. 내가 대학원 박사과정에서 만난 여러 학자들이나 학회의 연구 발표와 영어학의 연구 결과에서도 듣기 능력이 향상될 때 말하기 능력이 높아진다고 말한다. 언어학습의 학문적인 연구를 통해 언어학습 초기 단계의 지속적인 언어 듣기가 언어영역 전체에 가장 중요한 영향력을 끼친다고 말한다.

『배움을 돈으로 바꾸는 기술』의 저자 이노우에 히로유키는 속청 연습을 권유한다. 저자는 의사로 일하면서 평생 중요한 학회와 세미나에 참석하고 공부하면서 배움을 지속하는 즐거움과 청취의 활용방법을 소개하고 있다. 저자는 바쁜 업무를 위해서 시간을 두 배로 쓸 수 있는 방법으로 속청 연습을 해오고 있다. 속청 연습은 음성을 초고속으로 반복해서 듣는 과정을 말한다.

속청에는 두뇌를 자극해서 머리의 회전을 원활하게 해 주거나 의욕을 불러일으키는 효과가 있다고 한다. 두뇌를 이완시키면서 무의식상태로 과포화 입력이 이루어지고 잠재의식 속에서 청취의 내용이 각인된다고 한다. 미국의 대학이나 경영학 스쿨에서 논문을 쓰거나 방대한 자료나 과제를 수행해야 할 때도 속독이나 속청은 학습의 효율성과 시간 활용의 방안으로 자주 사용하는 방법의 하나다.

나의 경우에도 시간의 부족으로 인하여 동영상이나 학습 콘텐츠를 이용할 경우에는 자주 1.5배속, 2배속으로 빠르게 조정하여 듣는다. 영어는 청취는 틈날 때마다 자주 하는 것이 좋다. 청취의 시간을 늘려서 청취를 하는 동시에 상황들이 머리에서 이미지화 된다면 상대의 이야기가 이해된다는 것을 의미한다.

coffee and cookies

▶ I'm calling about the advertisement in the classifieds.

신문 광고 보고 전화 드리는 겁니다.

▶ Do you have any jobs available?

혹시 직원을 채용하나요?

▶ I want to apply for the position.

저는 그 자리에 지원하고 싶습니다.

▶ Please submit your resume.

이력서를 제출해 주세요.

▶ We'll call you if there are any jobs available.

빈 자리가 나면 연락 드릴게요.

3

영어와 관련된 취미를
일상생활화하라

There are two great days in a person's life the day
we are born and the day we discover why.
한 사람의 생에서 중요한 이틀이 있다.
우리가 태어난 날과 그 이유를 알아낸 날.

− William Barclay −

사람마다 각자가 가진 장점들을 따라 하는 것은 언어를 배울 때나 영어를 배우는 학습자들에게 매우 유용하다.

노래를 좋아하는 사람은 팝송으로, 요리를 좋아하는 사람은 요리프로그램으로, 영화를 좋아하는 사람은 영화나 드라마로, 스포츠를 좋아하는 사람은 스포츠로 영어를 대하면 훨씬 쉽고 재미있게 영어에 대한 흥미를 가지게 된다.

　내가 대학에서 강의를 할 때 수업시간에 학생들이 궁금해서 받은 질문 중의 OST 음악에 관련된 내용이다.(참조: 나무위키) 대학생들이 영어팝송이나 OST에 관심 갖는 것이 유행하던 시절의 영어학습방법으로 많이 추천하던 공부법이며, 흥미로운 방법이다.

　영어 가사에 멜로디가 더 감성을 자아내는 Popsong, 팝송이 인기가 많았다. 그리고 영화음악인 OST(Original Sound Track 약자)는 영화에 삽입된 보컬 곡이나 해당 작품을 위해서 작곡된 음악을 말한다. 영어권 국가에서는 OST보다는 일반적으로 '사운드트랙(Soundtrack)'이라고 부르는 경우가 많다. 원래 사운드트랙은 영화필름에서 소리가 기록되는 부분을 말한다. 영화음악 음반을 낼 때 필름의 사운드트랙에 기록된 것과 같은 음원임을 강조하기 위해 original motion picture soundtrack, original soundtrack recording 등의 문구를 사용하게 되었다.

　이후 확장되어 영화음악 음반뿐만 아니라 영화음악 그 자체를 의미하게 되었고 게임이나 다양한 영상물의 음악도 전부 사운드트랙이라고 부르게 되었다.

실제 OST가 연주되는 뮤지컬은 내가 대학교 다니던 때 주머니 사정이 좋지 않았을 때 감상한 적이 있다. 당시 학생으로서는 대단히 값비싼 공연료를 내고 백조의 호수, 캣츠 등의 티켓을 예매해 뮤지컬을 감상했다.

〈캣츠〉는 내가 대학원 영문학의 작품을 공부하던 중 접한 노벨문학상 수상자 T.S 엘리엇이 남긴 유일한 동시집 『주머니쥐 할아버지가 들려주는 지혜로운 고양이 이야기』 원작 아래 탄생한 뮤지컬이자 시대를 뛰어넘어 사랑받는 뮤지컬 명작이 되었다. 뮤지컬 〈캣츠〉를 영화화한 작품도 나왔다.

1년에 단 하루, 새로운 삶을 살 수 있는 고양이를 선택하는 운명의 밤. 기적 같은 기회를 잡기 위한 축제가 점점 무르익는 동안 뜻하지 않은 위기가 찾아온다는 줄거리와 분장은 정말 쇼킹했고 대단한 대극이었다. 그때 얼마나 좋아했는지 나의 노트 앞장에 Cats—Memory A4에 프린트된 빨간색 인쇄 가사가 붙어 있었다. A4 여러 장을 프린트해서 가지고 다니며 외우기도 한 흔적의 종이들이 아직도 나의 책갈피 속에 남아 있다.

나의 경우는 음식과 관련된 프로그램도 많이 흥미로워한다. 예전에는

TV에서 영어요리 프로그램을 자주 시청했다. 지금은 유튜브에서 쉽게 영어요리 프로그램을 접할 수 있다. 젊은 직장인이라면 부족한 시간들을 유용하게 사용하기 위해서 스포츠나 게임을 시청하거나 할 때 영어와 친숙해져 있으면 다양한 영어의 콘텐츠에도 자연스러운 귀트임의 기회를 얻을 수 있을 것이다.

영어회화를 배우는 대부분의 사람들은 직장인 영어회화나 여행을 가기 위한 목적으로 하는 경우가 많다.

여행영어는 한 권의 여행영어책으로 준비를 할 수 있지만 직장인들을 위한 영어는 시대의 흐름이나 시사에 밝은 대화의 내용들을 준비하고 전문용어들을 섭렵해야 한다.

지금은 예전보다 영화나 영상 콘텐츠로 언어를 쉽게 접하고 학습할 수 있다. 매일매일 단편의 영화를 본다거나 짧은 미국 드라마를 즐기는 경우처럼 조금씩 영어와 접할 수 있는 상황을 만들어가는 것이 효과적인 언어 학습의 방법이다.

coffee and cookies

▶ This will be your desk.

여기가 당신 자리예요.

▶ Can you please help me with this?

이 일 좀 도와주실래요?

▶ Raise your hands if you're in favor.

찬성하는 분은 손을 들어주세요.

▶ Are you ready for the presentation?

발표 준비 끝났나요?

▶ Welcome aboard.

입사를 축하드립니다.

4

영어의 환경에 자신을
노출시켜라

Every child is an artist.
The problem is how to remain a n artist once we grow up.
모든 아이들은 예술가이다.
문제는 우리가 자란 이후에 어떻게 예술가로 남을 것인가이다.

− Pablo Picasso −

나는 영어를 배우려고 많은 시간 외국인들을 만날 수 있는 환경에 나를 노출시켰다. 외국인들에게 한국말을 가르쳐주는 한글 아카데미에서 매주 외국인들을 만나 한글을 가르치면서 외국인과의 대화에 대한 목마름을 해소할 수 있는 시간들도 가졌다.

한번은 광고지에서 보고 종교단체가 주관하는 영어회화 수업을 들은 적이 있는데 처음에는 영어회화를 목적으로 봉사나 재능기부의 취지로 주관하는 수업으로 생각하고 신청을 해서 몇 주를 진행하던 어느 날 한 명씩 면담을 한다는 말에 외국인 선교사와 상담을 하던 도중에 종교의 입회 권유를 받기도 했다. 그래서 목적과 취지에 맞지 않아 계속 진행할 수 없었던 경우도 있었다.

영어의 상황에 일정하게 주기적으로 노출시키기에 가장 좋은 방법은 매일매일 일정한 시간에 영어수업을 하는 경우이다. 일대일 과외, 그룹 과외, 학원에 등록해서 수업을 하는 경우이다. 일대일 과외는 수업료는 비싸기는 하지만 학습자의 시간에 맞추어 수업을 진행할 수 있는 장점이 있다.

나의 경우 필리핀 선생님과 일주일에 1~2회 만나서 집이든 야외에서든 편하게 스케줄을 잡아서 수업을 했는데 실질적인 맞춤식 수업이라 참 좋았다. 그룹과외는 성적이나 시험의 준비로 결성된 그룹은 지속적이고 장기적으로 수업을 이끌고 진행해나갈 수 있지만 성인이나 직장인들의 그룹은 시간 맞추어 수업을 진행하기에 상황별 변수가 많다. 잦은 회식이나 출장, 가정의 경조사 등 다양한 이유에서 지속적인 수업이 쉽지 않다. 그래서 학원 수업이 혼자서 독학으로 영어학습의 의지로 이끌고 가기 어려운 학습자에게 가장 알맞은 수업이다. 하지만 요즘은 영어학습의 콘텐츠가 얼마든지 주변 있어 찾으면 쉽게 만날 수 있고 이용하고 활용할 수 있다.

오래전 지인과 함께 외국인들에게 자원봉사를 한 경험이 있다. 외국인 입양자들을 한국에 초대해서 만나게 해주고 1주일마다 다른 곳, 다른 가정으로 홈스테이를 주관하며 이동시켜주는 일들을 몇 년간 했다.

그 일들은 대학원 입학 전 영어강사 과정을 함께하던 선생님과 같이 프로그램을 운영했다. 지인인 선생님은 외국에 나가서 해외 입양자들을 한국에 초대해서 한국의 재단에 연락을 취하였다. 그 입양자와 가족들이 만나도록 하는 일들을 주선했다. 그 선생님은 당시 결혼하지 않은 처녀이며, 휴대 전화기를 사용하지 않았고, 자가 차량을 사용하지 않는 철저히 자연인에 가까운 성향의 소유자였다. 어머님이 폰과 차량을 사준다 하여도 극구 허락을 하지 않아 오로지 이메일로만 연락이 되고 행선지를 남기니 많은 곤욕을 치를 때도 있지만 웃어넘기고 아랑곳하지 않았다. 그런데도 외국인들을 대하는 자세는 누구보다 적극적이고 흥미롭고 즐겼다. 참 독특한 성향의 소유자라 좀처럼 이해할 수 없는 부분이 많았지만 영어와 외국인에 대한 봉사는 흔들림 없이 꾸준히 실행하던 훌륭한 성품이 기억에 남는다.

외국인들의 문화는 금요일에는 즐기는 시간이다. 외국인들이 많이 가는 맥주집이나 바(BAR)나 다양한 음식들이 있는 레스토랑이나 나이트클럽 등으로 금요일, 토요일은 이동을 같이 하며 안내를 해야 하는 경우들이 많았다. 그러다 보니 자연스럽게 다양한 나라의 사람들과 대화를 하는 환경에 노출되었다.

특히 할로윈 데이(Halloweenday) 축제는 대단한 경험이었다. 할로윈 축제는 10월 31일에 행해진다. 새해와 겨울의 시작을 맞이하는 날이다. 매년 할로윈은 그리스도교 축일인 만성절 전날 미국 전역에서 유령이나 괴물 분장을 하고 즐기는 축제이다. 아이들은 호박이나 사탕을 단 괴상한 복장을 하고 돌아다니며 음식을 얻어먹는다. 할로윈의 대표 행사로는 마녀나 유령, 귀신 분장을 하고 집집마다 다니며 먹거리를 얻는 것이 있다. 이때 아이들은 "트릭 오어 트릿(Trick or Treat)!"이라고 외치고 다니는데 이는 "과자를 안 주면 장난 칠 거야!"라는 뜻이다. 이는 19세기 중반까지 할로윈은 유럽에서 이주해온 이민자들이 특정 지역에서 지내는 악귀를 쫓는 의미가 있기 때문이다.

　매년 10월의 마지막 날은 어김없이 외국인들이 특정 지역에 모여 유령이나 귀신 분장을 하고 거리나 외국인들이 많이 모인 바(BAR)에서 축제를 벌이며 인종의 경계를 넘는 문화 행사를 즐기며 서양의 문화나 유럽의 문화들을 접하고 이해하는 기회들을 접할 수 있었다. 이 행사에서는 각 나라마다 전통 문화, 놀이 체험이나 각 부스마다 준비되어 있는 먹거리들을 즐길 수 있다.

　한국에서 외국인들과 소통할 수 있는 또 하나의 문화행사는 주로 가을에 진행되는 다문화 축제 맘프(MAMF; Migrants Arirang Multicultural Festival)이다. 이주민들이 한데 모여 '다문화 공동체'를 선보인다. 이 행사에서는 '다문화 퍼레이드', '마이그런츠 아리랑', '아시아팝뮤직콘서트' 등의 다양한 행사들이 사흘 동안 진행된다. 매년 맘프 행사를 주관하는 주빈국은 달라진다. 맘프(MAMF)는 이주민과 내국인이 문화적으로 어우러지고 소통하는 다문화 공동체사회를 만드는 밑거름이 되어 오고 있다. 특히 맘프는 2015년 대통령소속 국민대통합위원회가 주관한 '국민통

합모델'의 대표축제로 선정되기도 했다.

맘프 축제에서 빠질 수 없는 것이 아시아팝뮤직콘스트이다. 이 행사와 관련된 나의 에피소드가 있다. 예전에 한·일 100인의 9심포니 합창단 연습 때 만난 타지키스탄 청년, 무카다스(Rahmmonova Muqaddas)가 있었다. 그는 한국에 국비장학생으로 와서 울산과기대에서 공부하고 있었는데 그와 여름방학 1달여 동안 우리 집에서 지낸 적이 있었다. 영어로 대화를 하고 카톡을 주고받거나 페이스북으로 메세지를 주고받았다. 매일 나와 일정을 같이하며 서로의 일과 공부, 문화를 설명하고 이해해가는 시간들이었다.

타지키스탄에서 온 나의 양딸, '무카다스'는 노래에 소질을 보였고 맘프 '아시아팝뮤직콘스트' 예선전을 준비하게 되었다. 가족과 바닷가쪽으로 여행을 하던 도중에 길거리 공연단에 초대되어 노래를 부르기도 했다. 노래방에서 많은 시간 연습을 해서 출전을 하게 되었다. 그러나 결국 많은 나라에서 온 아티스트들의 출전 밴드에 밀려 결승전에 진출하지 못해서 상심하며 지낸 시간들 동안 애써 달래주던 일들이 생각난다.

무카다스는 그 후 학교로 돌아갔고 여동생도 부산에 있는 고등학교에

국비 장학생으로 유학을 와서 공부를 하게 되었다. 한국에서 공부를 하고 있던 중 고국에서 외할머니가 별세하셨다. 큰 슬픔에 오래도록 그리워하곤 했다. 그러던 중 타지키스탄에 계시는 무카다스 어머니께서 한국에 방문하였다. 무카다스는 친어머니께 한국에 있는 양엄마로 나의 이야기를 하였다. 그 후 타지키스탄에 계시는 친어머니께서 한국에 오셨을 때 친어머니와 무카다스와 동생이 함께 나를 만나러 창원으로 왔다.

무카다스는 이번 학기에도 장학금을 받았다고 친어머니와 양엄마, 동생을 위해서 소고기를 산다고 했다. 무카다스는 돼지고기를 먹지 못한다. 늘상 우리 집에서 지낼 때도 돼지고기 대신 소고기를 먹곤 했다. 식사를 하고 창녕에 있는 나의 고향을 방문하기로 했다. 친어머니께 나의 고향 방문을 이야기하니 흔쾌히 좋다는 반응을 보였고 제과점에서 빵을 준비했다. 그런 모습에서 한국의 정서와 많이 닮아 있다는 생각을 했다. 창녕에 계시는 모친과 함께 정담을 나누고 남동생 가족들과 함께 한국의 보양식 따뜻한 뚝배기 인삼과 전복이 들어간 삼계탕을 대접해드렸다.

평소에 무카다스와 다닐 때도 계단을 내려갈 때는 손을 내밀어 나의 손을 잡아주는 모습이나 어른을 대하는 태도가 한국인들의 예의바른 정서와 닮아 있음을 느꼈다.

각 지역의 사회복지관에서 주관하는 행사나 종교단체에서 주관하는 프로그램을 유심히 살펴보면 주변에서 많이 찾을 수 있다. 이렇듯 외국인들과 소통하고 정보를 교류하고 어울리며 본인이 배운 영어를 테스트해보거나 배운 영어를 실전에서 사용할 수 있는 곳은 다양한 곳에 있다.

내가 자원봉사를 하던 단체의 한국인 입양자의 가족 상봉한 사례이다.

한국에서 태어나 5형제가 전라도에서 살다가 가정형편이 어려워 미국으로 입양을 갔다. 한 가정으로 2명이 입양되어 지내게 되었다. 형제들은 서로 만나고 싶었고 그 만남을 선생님이 기관과 가정으로 연락하여 주선하여 창원의 용지호수가 바라보이는 2층의 전통 막걸리 집에서 만나게 되었다. 5형제가 몇십 년 만에 만났으나 손만 잡고 있었고 얼굴만 바라보고 어느 타이밍에서 웃어야 하는지 전혀 알 수 없는 웃지 못할 광경이 진행되었다. 처음 보는 만남인데도 너무 닮은 형제자매를 보며 세월은 무심히 흘렀지만 가슴 뭉클한 시간의 연속이었다. 통역으로 서로의 이야기를 대신해줄 수는 있어도 무수히 많은 날들의 감정들을 대신 해줄 수 없는 아쉬움이 있었다.

지금껏 한국의 형제들 중에서도 한곳에 모두 모여 이야기를 나누거나 숙소를 내줄 곳이 없어서 미국에 돌아가는 동안 외부의 숙소에서 지내야 한다는 이야기를 들었을 때는 가슴 한구석 착잡한 심정을 말로 표현하기 어려웠다. 한국, 형제자매가 있는 고향에 돌아와 밤새 얼싸안고 이야기를 나누어도 모자랄 시간인데 한곳에 모일 곳도 없고, 영어로 이야기할 수도 없고 한국말로도 대화를 못 나누고 서로 얼굴만 바라보고 애절한 눈빛만 교환하고 있었다.

북한과 남한의 상황만큼이나 애절한 만남이었다. 미국에서 한국으로 먼 길 달려왔는데 영어를 잘 구사해서 언어가 잘 통했다면 훨씬 더 형제애를 나누는 시간이 값지고 보람 되었을 텐데 하는 많은 아쉬움을 남긴 사례였다.

한글아카데미 자원봉사를 하는 수업에 자주 오는 미국인 영어 강사와 가까워져 친하게 지내게 되었다. 그 미국인은 미국에서 연극, 영화감독을 한 경험으로 연극팀을 만들어 연극을 하게 되었다. 한글아카데미의 강사 몇 명과 영어학원 외국인 강사들과 대학교에서 교수로 있는 외국인들이 함께 모여 영어연극을 상연하게 되었다.

영어 연극을 하면서 서로 다른 나라의 친구들과 알아가고 친해지고 하나가 되어 연극을 하는 과정은 정말 재미있고 흥미진진한 시간이었다.

대학교의 공연장에서 영어연극을 상연하는 시간까지 연습하고 방송을 위한 몇 날 며칠의 방송촬영과 준비의 시간들도 잊을 수 없이 보람된 시간이었다. 나는 연극의 전체적인 짜임새에서 나의 역할과 함께 각 배우들이 필요한 부분들에서 까메오 역할들을 해서 많은 웃음과 인기몰이를 했고 방송에도 출연하는 기회를 갖게 되었다.

일상생활에서 영어와 관련된 상황들을 재연하고 만들고 준비하고 그 속에서 지내다 보니 많은 시간이 흘렀다. 나에게 영어는 중학교에 입학하기 위해 초등학교 6학년 때 처음 배운 영어 알파벳 26자와 몇 개의 단어들이 출발점이었다. 여중 1학년때 만난 무시무시한 영어 선생님은 영어 단어시험에서 틀리는 숫자만큼 손바닥을 때렸는데 지금도 그 교실의 장면을 경기를 일으킬 만큼 살벌한 시간으로 기억한다.

나의 영어사랑의 시작은 여중 2학년 때였다. 영어선생님의 수업에서 따뜻한 아지랑이가 피어나는 봄날의 영어 사랑 꽃씨가 자라나듯 즐겁고 유쾌하고 행복한 시간이었다고 기억된다. 그때부터 그 꽃나무에서 달고 맛있는 열매들을 맛볼 수 있었던 날들의 연속으로 만들어갔던 것 같다. 지금은 시간이나 순발력에서 위축되거나 언어를 사용하는 뇌의 프로그램의 회로를 빨리 돌리기가 예전보다 느려졌고 시간이 많이 걸리는 것 같다.

일상생활에서 영어를 사용할 수 있는 환경에 노출시켜 자신을 훈련시켜야 한다.

coffee and cookies

▶ I'm poor at figures.

전 숫자에 약해요.

▶ This is my bread and butter.

이게 내 밥줄이야.

▶ I work nine-to-five.

저는 정상 근무하는 직장인입니다.

▶ The company is completely down and out.

그 회사는 완전히 빈 털털이가 되었어.

▶ Everyone blames everyone else.

모두 서로에게 책임을 전가하고 있어.

5

문장을 많이 반복해서
암기해놓아라

It's the little details that are vital. Little things make big things happen.
중요한 것은 사소한 디테일이다. 사소한 일들이 모여 큰 일을 일어나게 한다.

— John Wooden —

우리나라 사람들은 영어공부에 쏟아붓는 시간에 비해서 영어의 구사 능력은 현저히 낮다는 것은 많은 사람들이 인정하고 공감한다. 지나친 문법이나 학교 시험 위주의 교육 방향이 결과를 말해준다. 시간이 부족한 직장인들이 생존을 위한 필수 영어를 배우고 익히는 데 있어서는 쉬운 영어교재를 정해서 문법이 잘 설명되고 표현된 대표 문장들을 소리 내어 익혀놓는 것이 좋다. 주어부, 술어부의 의미를 생각하면서 입 밖으로 저절로 나올 수 있도록 훈련하는 과정들이 필요하다. 영어회화 책의 기본 유형이나 제대로 된 문장의 표현들을 익히고 외워 놓으면 외국인들을 만나서 이야기할 때 본인도 모르게 외워 놓았던 문장들이 질문으로 떠올라 머뭇거림 없이 대화의 맥을 이끌어가는 경우를 나는 많이 경험했다. 영어회화의 문장의 틀은 거의 책마다 비슷하다.

영어책 한 권이라도 본인에게 맞는 것을 잘 선정해서 익히고 암기해놓는다면 중급, 고급의 단계에서는 문법과 어휘들을 보충해주고 대화의 영역을 넓혀나가면 된다. 영어를 유창하게 하기를 원하는 사람은 누구나 프리토킹(Free talking)을 하기를 바란다.

영어회화는 듣기나 읽기와는 달리 상대방과 대화를 주고받고 이어나가야 하는 영역이다. 의사소통이 이루어져야 하는 목적을 가진 대화이기 때문에 틀린 표현들을 바로잡아 주고 교정을 해줄 사람이나 도구(tool)가 있다면 좋다. 그렇지 않을 경우 틀린 표현을 반복해서 사용하면 올바르지 않은 표현이 뇌에 굳어져 입으로 나오는 경우가 있기 때문이다.

영어학습의 핵심은 문장을 많이 반복해서 암기해놓아라

급할 때 총알처럼 튀어나온다

　단순한 영어도 반복해서 매일매일 꾸준히 해야 실력을 향상시킬 수 있다. 기초를 먼저 쌓아서 꾸준히 반복 학습과 훈련을 하는 것만큼 좋은 것은 없다. 매일매일 쉬운 것들을 반복하고 반복해서 자기 것으로 만들어 체화시켰을 때 영어를 극복할 수 있다. 외국인을 만나면 머릿속으로 문법적인 것을 신경 쓰느라 오히려 하고 싶은 말을 못 하고 돌아올 경우를 수없이 경험했을 것이다. 의외로 우리가 뭔가를 생각하고 주저주저하면 이야기의 주도권을 상대에게 넘겨주게 된다. 상대는 나를 오랫동안 기다려주지 않는다. 그럴 경우를 대비해서 평소에 쉽고 짧은 문장들을 암송하거나 반복해서 소리 내어 훈련을 해놓는다면 문장이 자기도 모르게 급할 때 총알처럼 튀어나오게 되어 대화를 이어나갈 수 있게 된다.

　영어공부를 할 때 책을 덮고 문장을 의미단위로 기억하라

　『영어책 한 권 외워봤니?』라는 책을 보면 영어 하루 10문장 암송의 학

습 효과를 복리의 마법처럼 전날 외운 분량에 매일 10개씩 늘려간다는 것이 암기 학습의 핵심이라고 말한다. '기초 영어회화 책 한 권을 통째로 외우면 말문이 트인다'라고 말한다. 원어민과의 영어회화 시 원어민의 유창한 영어 실력을 구경만 하는 것보다는 혼자서 책을 소리 내어 읽고 문장을 외우는 편이 낫다고 저자는 생각한다. 어학의 실력은 능동적 표현의 양을 늘리는 데서 승부가 난다고 말한다.

나도 영어 문장을 큰 소리로 읽고 때로는 표현들이나 패턴들을 외우라고 권하고 싶다. 왜냐하면 원어민을 만나면 말이 빠르고 잘 알아들을 수 없는 상황에 노출되어 당황하게 되기 때문이다. 게다가 생각해놓은 문장들이 올바른 표현인지, 문법적으로 틀리지는 않았는지를 머릿속으로 생각하다 보면 대화의 맥락을 놓칠 때가 있다. 그럴 때 평소에 자주 사용하는 표현들을 익히고 외워 놓는다면 언제 어디서 누구를 만나더라도 꺼내 사용할 수 있는 표현들이 많아 대화에 흥미를 느끼고 원어민을 만나는 시간이 기다려질 것이다.

▶ Nothing comes from nothing.

돈을 안 쓰고 무슨 돈을 벌까.

▶ We'd better get out of here while the going is good.

아직 사정이 좋을 때 빠져나가는 게 좋겠다.

▶ I made a quick trip to New York last week.

지난주에 뉴욕에 급히 다녀왔어.

▶ The stock market took a wait— and—see attitude.

증권가에서는 관망세를 취했다.

▶ You are reading a newspaper on company time.

근무시간에 신문을 보다니.

6

영어회화 한 달만 집중하면
술술 나온다!

Faith is taking the first step even when you don't see the whole staircase.
믿음이란, 전체계단이 보이지 않는 순간에도, 그 첫발을 내딛는 것이다.

— Matin Luther king. Jr. —

영어가 세상의 흐름을 읽는 내비게이션이 되게 하라!

학습자가 정말 영어회화가 목표라면, 업무나 생존과 연관된 학습의 동기부여로 간절하다면 나 또한 한 달 이내로 영어를 입에서 술술 나오게 만들어줄 자신이 있다. 최소한의 문법으로 최대한의 영어회화를 할 수 있는 영어 구조와 문법을 설명한 뒤 영어회화 책 초급, 중급을 읽고 외우면 누구나 영어구사 능력을 충분히 갖출 수 있다. 나는 대학에서 영어회화를 가르치면 15주만에 1권의 영어책을 이수하도록 시킨다. 주 2시간에서 3시간 정도의 수업이다. 내가 매 학기마다 다른 교재의 영어회화책을 가르치면서 느끼는 부분은 말의 틀은 책마다 비슷하다는 것이다. 교재마다 초급, 중급, 고급 레벨은 조금씩 다르지만 말의 틀은 거의 비슷하고 추가적은 학습자의 목표에 필요한 명사나 전문적인 용어들을 공부하면 영어회화는 단시간 내에 마스터할 수 있다는 확신을 갖게 되었다.

영어교육 전문업체인 '우공이산연구소'는 직장인으로서 영어가 될 수 있는 기간을 '기초가 있다면 6개월, 기초가 없다면 1년 정도'로 제시한다. 기초가 없는 사람에게 1년이란 기간은 짧을 수도 있고, 길 수도 있다.

현재 신문사의 편집국장으로 있는 지인이 예전에 영어학원을 운영할 때의 일이다. 그 국장님은 나와 기독교 신자로 여름신앙학교에서 학생들을 영어회화에 여름방학 단기연수코스를 운영하던 사례들에 대해서 이야기를 많이 나누었다. 영어회화 단기연수 프로그램의 장점은 짧은 시간이지만 외부와 단절된 곳에서 오로지 영어만을 위한 프로그램이라는 점이다. 영어회화 책 한 권을 계속해서 성경말씀 낭독하고 외우듯이 따라서 영어문장들을 낭독하고 외워나갔다. 아이들이 영어책 한 권을 일주일 내내 읽고 외우고 하니 영어가 입에서 술술 나온다고 했다. 그때는 지금처럼 개인이 스마트폰을 각자가 가지고 있지 않았던 시절이라 가능했을 것이다.

학습자의 대부분은 영어가 필요한 분야에 전문용어들을 자주 사용하고 눈에 익숙해져 있기 때문에 쉽게 와닿는 부분이 있다. 그런 부분을 잘 활용하면 영어의 장애물들을 충분히 빠른 시간에 해결해나갈 수 있다.

운동(Exercise), 요리(Cooking), 유아(Infant care), 식품(Food, Groceries), 교육(Education), 전자(Election), 의류(Clothes), 엔터테인먼트(Entertainment), 의학(Medical) 비즈니스(Business) 등의 전문 용어들을 쉽게 접할 수 있는 부분으로 영어에 접근하면 영어의 어려움에 대한 부담을 줄일 수 있고 재미있게 접할 수 있을 것이다.

다양한 주변의 소재들을 활용하여 재미있고 실제 생활에 적용하고 활용하여 습관화시킬 수 있는 부분으로 접근하라. 일과 경력(Work&Career), 건강과 스타일(Health&Style), 배움과 활동(Learning&Activities), 놀이와 여행(Games&Travels), 취미와 스포츠(Hobbies&Sports),

나눔(Sharing), 가족(Family), 친구(Friend), 사랑(Love), 습관(Hobit), 인간관계(Relationship) 등과 관련된 영어를 찾아 쉽고 빠르게 이해할 수 있는 부분을 자주 접하고 소리 내어 읽고 외워보자. 그러면 점점 언어의 영역이 확장되어 영어학습이 재미도 있고 친숙하게 느껴질 것이다.

직장인이 생존의 영어로 영어회화나 여행영어, 비즈니스영어를 해야 할 경우에는 책 한 권을 집중적으로 초집중해서 외우면 단시간에 해결되겠지만 그렇지 않은 경우에는 꾸준히 일상생활에서 영어를 주변에서 찾아서 책이나 영상으로 접근해보면 좋을 것이다.

▶ Let's get back to work.

다시 일을 시작합시다.

▶ We have no time to fool around.

우린 빈둥거릴 시간이 없어요.

▶ I'm really stressed out.

나는 너무 스트레스 쌓여.

▶ I'm the new recruit here.

저는 여기 신입사원입니다.

▶ It's still up in the air.

아직 미정이야.

They can because they think they can.
할 수 있다고 생각하기 때문에 할 수 있는 것이다.

CHAPTER 2

영어공부는
동기부여가 중요하다

1

아무리 영어를 배워도
적용하지 못하는 이유

Whoever is happy will make others happy too.
행복한 사람이 다른 사람도 행복하게 만들 수 있다.

— Anne Frank —

영어는 능동적이고 긍정적인 실행이 중요하다

'역전을 꿈꾸는 보통학생들을 위한 착한 영어공부법,'『이기는 영어공
부법』의 저자인 이진규 작가가 대학을 졸업한 후 처음으로 미국 뉴욕의
JFK공항에 도착했을 때의 일이다. 한국에서는 영어점수도 높았고 영어
하나만큼은 누구보다도 잘한다고 자부했다. 그러나 미국에 도착하자마

자 그 같은 생각은 처참하게 깨졌다. 입국 심사는 한국에서 준비한 대로여서 쉽게 통과했지만 버스를 타기 위해 길을 물어보거나 버스표를 살 때의 영어는 그동안 공부해왔던 것과는 완전히 달랐다. 지금까지 학창시절 12년, 대학 4년 이상 영어공부를 했고, 토익점수도 900점이 넘는데 이곳에 와서는 왜 그토록 해왔던 영어가 내 뜻대로 되지 않을까?

직장인들이 아무리 영어를 배워도 업무에서는 영어를 못하는 근본적인 이유를 블로그 운영자 리딩퍼피는 "직장인들이 영어를 배우는 가장 큰 이유 중 하나는 바로 업무에 영어를 사용하기 위해서이다. 하지만 안타깝게도 많은 직장인이 영어를 하지만 실제로 업무에서 본인의 영어실력을 발휘하는 경우는 드물다"라고 말한다. 업무상 영어가 가장 많이 필요한 분야는 reading, 즉 읽기 능력이다. 직장인이 업무를 할 때 언제 영어가 가장 필요할까? 공부에 관한 본질적인 공부법을 다룬 『완벽한 공부법』 저자 신영준 박사는 "영어가 필요한 이유는 우리가 정보화 시대에 살고 있기 때문이다."라고 말한다. 현실적으로 "어떤 점을 살펴보아도 영어로 읽지 못한다면 뒤처질 수밖에 없다."라고 말한다.

한국직업능력개발원이 후원한 설문조사에 업무상 영어능력이 가장 빈번하게 사용되는 영역은 '이해'이고 그다음이 '쓰기', '말하기' 순으로 나왔다고 한다.(박혜선, 정보라) "직장인이 영어를 공부해야 하는 주요 목적은 '영문 자료와 문서를 읽고 이해하기 위해서'이다. 해외 영업이나 다른 국제 업무를 담당하는 담당자라면 추가로 '외국인과 전화로 비즈니스 통화를 하기 위해'이다. 직장인으로서 실질적으로 가장 중점을 두는 부분은 정보습득을 위한 영어 독해 능력과 직무나 직업에 따른 영어 이메일 작성과 같은 영어 쓰기 능력 부분이라고 말한다. 말하기, 듣기, 발음 등 다양한 학습방법이 있지만 영어학습에 가장 큰 도움이 되는 부분은 역시 독해 실력으로 업무능력이 판가름 난다."라고 한다.

직장인이 필요하다고 생각하는 영어학습 부분과 실제로 직장인이 필요한 영어학습 부분은 조금 다를 수 있다. 영어회화에 많은 시간을 쏟는 것도 좋지만 학습자가 현재 처한 상황에 맞게 초점을 맞추고 적절한 목표와 전략으로 계획성 있는 실행이 필요하다.

또한 학습자의 영어공부의 목적에 맞는 단기, 중기, 장기과정의 목표와 계획을 정하고 꾸준히 인내와 끈기를 가지고 매일매일 해야 하는 운동처럼 언어의 근육도 강화시켜나가야 한다. 영어는 읽기, 듣기, 말하기, 쓰기 등의 영역이 중요하다. 하지만 직장에서 영어의 적응력을 높이기 위해서는 영어 독해능력이 부족한 경우가 많다. 영어의 독해 능력을 높이기 위해서 필수적으로 알아야 할 것은 정확한 영어 규칙이나 문법에 대한 인지능력과 어휘실력이다.

영어의 독해를 돕기 이해서는 신문의 사설이나 영어로 된 다양한 소재를 준비해놓으면 필요할 때 적재적소에 유용하게 사용할 수 있다.

coffee and cookies

▶ How do you commute to work?

어떻게 출퇴근 하시죠?

▶ He's gone for the day.

그는 퇴근했어요.

▶ The economy will turn around sooner or later.

경기는 조만간 회복 될거야.

▶ This recession is killing me.

불경기 때문에 죽겠어.

▶ My starting salary is about $1,000.

내 초봉은 1,000불 정도야.

2

세밀한 전략과 철저한 계획이
필요하다

Try not to become a man of success,
but rather try to become a man of value.
성공한 사람보다는 가치있는 사람이 되려고 노력하라.

– Albert Einstein –

당신은 영어를 왜 배우고 싶어 하는가? 당신에게 영어가 가져다주는

가장 흥미로운 가치와 결과는 무엇인가?

'영어를 왜 해야 하는가?'의 물음에 대한 정확한 목표가 없으면 그 방대

한 영어의 바다에서 헤엄쳐 나오기가 어렵다.

영어 콘텐츠 유튜브 〈잉클 English Clinic〉 운영자 Julie Song은 30년

넘게 미국에서 살고 뉴욕/뉴저지에서 여러 연령대의 미국인/한국인들을 포함한 다중 언어인들의 영어 소통 관련 고민들에 대해서 13년 이상 상담한 경험들을 토대로 영어에 대한 고민을 하는 학습자들에게 고민을 해결할 수 있는 다양한 방법들을 제시한다. 잉클 English Clinic을 통해서 트렌드가 아닌 과학적으로 검증된 방법들을 현실적으로 실천해나간다. 또 영어학습의 콘텐츠를 통해서 함께 즐겁게 소통하며 영어에 대한 자신감 회복을 통해서 삶의 질을 향상시키고자 하는 채널을 운영한다. 운영자 Julie Song은 영어학습자들의 영어 향상의 목표를 설정하고 목표 달성을 성공시키기 위한 이유들에 대한 방향을 콘텐츠에서 제시한다.

'영어학습자들의 목표는 능숙하고 자유롭게 영어를 큰 소리로 읽을 수 있기, 여행을 하는 동안 유창하게 영어를 구사하기, 계속 반복해서 되풀이됨이 없이 영어로 의사소통하기, 집에서 아이들과 영어로 유창하게 읽고 말하기, 나와 영어를 구사하는 친구, 동료, 고객, 클라이언트 등과 훨씬 더 자연스럽게 영어로 대화하기, 미국 또는 영국 쇼나 영화를 시청하는 동안 자막 없이 영어를 이해하기, 해외에서 지내거나 사는 동안 매일의 상황에서 분명하게 영어를 이해할 수 있기, 나의 가족이나 친구들에게 자랑했을 때 나의 영어 발음이 향상되어 있기, 나의 발음 기술이나 지식이 정확한지를 알고 자신감 있게 영어를 가르칠 수 있기, 많은 사람들 앞에서나 카메라 앞에서 영어를 말할 때 내가 말하는 방식에 대해서 행복감을 느낄 수 있게 되기를 바란다'는 영어를 향한 목표 달성의 이유들 제시한다.

저자 최용일은 『나는 영어를 끝장내고 인생이 완전히 바뀌었다』라는 책에서 직장인이 영어가 되지 않는 이유를 '목표를 달성하기까지 지속해서 실행하지 못한다는 데 있다'라고 말한다.

저자는 '3년 전, 어느 영어 업체에서 주관하는 영어 검증단에 지원해서 영어공부를 한 적이 있다. 최소 3~6개월을 목표로 10,000개 이상의 단어와 9,000개 이상의 문장을 암기하고 그 어휘들을 사용해서 말하기를 구사하는 것을 목표로 하는 프로젝트였다.

당시 200명 넘게 그 프로젝트에 지원하고 공부를 시작했다. 사람마다 수준이 다르고 영어를 공부할 수 있는 환경이 달라서 똑같은 교재로 공부를 시작했지만, 각자의 목표 달성 소요 예상 시간은 달랐다. 그러나 문제는 소요 예상 시간이 아니었다.

매일매일 영어를 꾸준히 지속하느냐 하지 못하느냐의 문제가 가장 컸다. 직장인이기에 가정생활, 육아, 여행, 취미, 운동, 청소, 경조사 등 예상하지 못한 일이 많았다. 지원자들 대부분이 매일 꾸준히 영어공부로 목표한 시간을 채우지 못했다. 매일 2~3시간 영어공부를 목표로 시작한 사람 중 최종으로 남은 사람은 5%도 되지 않았다'라고 한다.

저자의 경험으로 볼 때 한 가지 일을 꾸준히 해나간다는 것은 쉽지 않다는 것을 보여주는 사례이다. 계획한 일을 지속적으로 3~6개월, 6개월~1년 동안 세밀한 계획을 세우고 철저한 전략으로 습관화시키고 특히 체화시켜 나간다는 것은 대단한 인내와 끈기를 요구하는 일이다. 또한 선택한 일에 대한 목표에 집중하고 실행해 나가는 일은 더더욱 쉬운 일이 아니다. 예상치 못한 장애물이 따르고 도중에 새롭게 시도하거나 배우고 싶은 것과 직장에서 출장이나 과중한 업무로 영어에 대한 몰입도가 떨어지는 경우가 있다. 수많은 과중한 업무나 일에도 불구하고 해야 할 일에 대한 중요도를 영어에 최우선으로 둘 때 장애물을 극복하고 그 시간을 할애해서 부담 없이 즐거움으로 바꾸어 계속해서 하고 싶은 일이 될 것이다.

그렇다! 나에게 영어는 늘 하고 싶은 일이었다. 영어의 명언들을 필사하고, 유명인들의 스피치를 읽어보고, 대통령들의 연설문들을 읽고 싶었다. 가사나 멜로디가 좋은 팝송들을 수첩에 빼곡히 적어 다니며 외워보기도 하고 흥얼거려보기도 했다. 늘 새로운 뭔가를 찾아서 영어를 접할 때의 즐거움이나, 친구를 만나 이야기를 나누는 듯한 숨겨져 있는 재미를 누렸다. 때론 그 영어가 나에게 자존감을 높여 줄 때도 있었고, 또 어떤 때에는 나 혼자 즐기는 자신감과 나만의 무기였고, 열쇠였던 시간들도 있었다.

어느 순간부터 취미로 즐기던 영어가 전공이 되었다. 영어로 시험을 쳐야 하며, 논문을 써야 했다. 학원에서 수업을 해야 하고, 대학에서 강의를 해야 하는 직업이 되었다. 그래도 좋아하던 일이라 힘은 들었지만 행복한 시간들이 많았다. 다른 과목보다 영어는 사람과 함께 해야 빛이 나는 일이기 때문에 항상 어려움 속에 기쁘고 즐거운 순간을 많이 선사해준 일이다.

멋진 영화를 볼 때도 즐겁고, 광활한 하늘을 날아서 세계의 멋진 곳을 여행할 때도 좋았다. 한국에서든 외국에서든 어디를 가나, 어느 곳에서나 만날 수 있는 서양인들을 만나서 이야기하고, 연극도 하고, 다양한 나라의 문화를 경험하고 즐기는 경험도 새로운 경험으로 다가왔다. 그 생동감 넘치고 에너지 넘치는 기운들을 그들과 그들의 나라와 그들의 문화 속에서 나만이 느끼고 나의 삶 속에 고스란히 녹여서 새로운 도전의 기쁨을 만끽한 시간이었다. 그래서 나는 영어와의 만남과 선택과 도전에 박수를 보낸다.

▶ I'm punctual.

저는 시간을 잘 지킵니다.

▶ Please come in for an interview.

면접 보러 와 주시겠어요.

▶ Could you please tell us more about yourself?

자기소개를 해 주실래요?

▶ What are your strong points and weak points?

자신의 장, 단점이 뭔가요?

▶ I get along well with people around.

저는 주변 사람들과 잘 어울립니다.

3

영어정복이라는 목표를 향해
전력 질주하라

How people treat you is their karma; how you react yours.
사람들이 당신을 어떻게 대하느냐 하는 것은 그들의 '카르마'이고,
그것에 당신이 어떻게 반응하느냐 하는 것은 당신의 '카르마'이다.

— wayne Dyer —

삶에 있어서 한 가지 목표를 향해 전력질주를 한다는 것은 참 의미 있는 일이다. 목표에 대한 과정의 눈 돌림과 화제의 진환이나 징애물들이 당연히 많을 수 있다. 과정 중에 생각지도 못한 달콤한 유혹들도 마주하게 된다. 목표물에 대한 정복을 하기 전에는 어떠한 것에도 마음을 오래 두지 말기를 바란다.

나의 경우는 영어프로그램이나 영어회화 학원에 다닌 경험도 있지만

배워도 배워도 채워지지 않는 목마름이 있었기에 학부는 임상병리학과 대학원을 진학할 목적으로 농축산, 유전학을 공부했지만 대학원은 영어 영문학을 선택하여 영어학의 실용영어들을 공부하고 싶었다.

목표를 정해서 산 정상을 향해 등정하는 것은 많은 나무와 숲과 우거진 가지들을 만나고 풀과 이끼와 계곡을 지나 정상에 도달하듯이 긴 여정의 시간들이다. 하지만 지금도 힘든 시간들 속에서 만나는 나만의 재미와 흥미와 순간순간 가슴 뛰는 희열의 순간들이 항상 같이한다. 늘 영어를 접하는 시간은 재미있고 자신의 빈 공간들을 채우고 만족감을 주는 시간의 연속이다. 새로운 세계에 대한 만남과 사람, 문화에 대한 만남도 늘 흥미롭다. 그래서 영어나 언어를 배우고 알아간다는 것은 여행을 떠나는 것처럼 흥미로운 준비의 과정이기도 하다.

나에게 영어는 누군가가 강요한 적도 없고 누가 시킨 적도 없다. 그런데 오랜 인생 여정에 많은 부분을 차지해왔다. 즐기는 자를 따라올 자가 없다. 광활한 대지 위에 펼쳐진 융단처럼 다채로운 색감으로 다가오니 질리지 않고 새롭게 생성되는 영어와 언어의 세계에 끝없이 노출되는 것이 좋았다.

나의 어린 시절 꿈이 대학의 강단에서 학생들을 가르치는 것이었다. 그런데 영어를 가르치며 대학의 강단에 서는 것은 예정되어 있지 않았다. 지금 생각해보면 많은 동기가 있었지만 한 가지 분명한 것은 영어를 좋아했으면서도 항상 두려움과 호기심에 가려져 있었고 또 동시에 용감함과 적극적인 태도가 양면성을 이루며 함께해왔다.

영어를 배우고 싶다는 막연한 생각에 사로잡혀 수많은 시간을 흘려보내는 것보다는 무엇인가를 향한 작은 발걸음의 전진이 필요하다. 쉽고 얇은 책 한 권을 친숙해질 때까지 친한 친구를 대하듯 말을 걸고 읽고 보고 소리 내어 상황극을 만들어가는 과정이 즐겁도록 하는 작은 실천이 중요하다. 무엇을 하고 싶은가에 대한 확실하고 확고한 결심을 한 후 목표를 향해서 곧장 전진하는 적극성이 태산 같은 걱정거리와 고민거리를 해결하는 방법이다.

영어정복을 위한 전력 질주의 상황은 영어를 외부에서가 아닌 내부에서 바라보고 나의 내면을 채워가는 시간이다. 어떤 일의 목표달성을 위해 성공하기 위해서는 올바르게 상황을 믿고 적극적으로 실행해 나가야 목표에 가깝게 도달할 수 있다.

목표에서 멀어지지 않고 집중해 나가려면 마음속에 늘 목표를 생각하고 있어야 한다. 사물을 바라볼 때의 자신의 시각, 청각 등을 영어의 상황 속으로 노출시켜 놓으면 어느덧 영어를 즐기는 자신을 발견하게 될 것이다. 그러면 영어에 친숙해져 있는 자신을 인식하게 될 것이고 영어 습득의 능력은 성큼 향상되어 가속도가 붙은 자전거처럼 패달을 놓아도 자전거의 바퀴가 굴러가듯이 무의식중에라도 영어를 구사하는 상황을 즐기게 될 것이다.

『여행영어 가이드북(45개국 여행자 차성희가 알려주는 트래블러를 위한 여행영어의 모든 것)』를 쓴 여행 작가 차성희의 블로그의 '차성희 작업실(opictos)'에서 '써니'의 영어를 향한 그동안의 노력들을 보면 감탄하지 않을 수 없다. 그는 토익에서 137번을 990점 만점, 토스 총 11회, 오픽 총 13회 AL 만점 받는 여행가이자 '아무튼영어' 콘텐츠를 운영하는 작가이다. 최소한의 노력으로 단기간에 점수를 올리는 토익 공부법을 콘텐츠로 제작해서 올린다.

세계 45개국을 여행한 차성희작가는 노하우를 담은 여행영어 도전의 스토리를 썼다. 저서는 총 8개의 챕터로 이루어져 있다.

Fly: 비행기 타고 여행하기 좋은 날

Ride: 대중교통 100배 즐기기

Stay: 낯선 곳에서의 하룻밤

Taste : 신나는 맛집 탐방

Ask : 길을 잃고 길을 찾다

Do : 여행은 놀면서 배우는 시간

Shop : 벼룩시장에서 보물찾기

Solve : 화내지 않고 무사히 집으로

저자의 『여행영어 가이드북』 책으로 누군가는 편안한 여행을 계획하고 여행의 설레임을 즐기게 된다. 이제 책을 들고 영어를 입으로 말하고 느끼고 상상하고 미래에 눈 앞에 펼쳐질 준비된 세상들을 향해 나아가야 하는 것은 학습자이며, 여행자의 몫이다.

▶ Don't give it a lick and a promise.

일을 날림으로 하지 마.

▶ Do it through.

일을 철저히 해.

▶ This is our final offer.

이번이 우리의 최종 제안이야.

▶ He doesn't lift a finger to help me.

그는 나를 돕는 일에 손가락 하나 까딱하지 않는다.

▶ The name of the company is on the tip of my tongue.

그 회사 이름이 기억날 듯 말 듯하네.

4

영어 목표를 향해
루틴을 만들고 실행하라

However difficult life may seem,
there is always something you can do and succeed at something.
아무리 인생이 어려워 보인다 할지라도,
당신이 할 수 있고, 성공할 수 있는 일이 항상 있다.

− Stephen Hawking −

서재희 저자의 『글로벌 리더가 되려면 영어부터 정복하라』에는 영어공부를 무작정 하기보다는 '어떻게 하면 영어를 잘할까? 어떻게 하면 영어를 재미있게 할까?'의 물음에 대답이 되는 저자의 영어공부 실천 비법 루틴이 담겨 있다.

팝송과 일기 쓰기, 영화 보기, 영어기사나 신문의 활용 등을 루틴으로 삼고 있다고 한다.

저자는 아침, 점심시간 20분 정도를 영어기사 읽기를 한다고 한다. '영어기사를 읽으면 영어 작문 능력이 길러지고 다양한 분야의 배경 지식이 늘어난다'라고 아침 자투리 시간의 활용에 대해서 잘 말해주고 있다. 대중교통을 이용해 이동하는 시간에는 mp3를 활용하여 노래도 듣고 영어 공부를 하면서 팝송 부르기를 생활화하고 있다. 영어를 좋아하고 영어를 즐기는 학습자라면 누구나 팝송을 익히고 따라 부르기를 좋아한다. 팝송은 곡을 익힐 때마다 새로운 단어와 표현을 익힐 수 있고, 다양한 문화도 접할 수 있는 가장 쉽고 재미있는 영어학습의 통로이다.

저자는 하루 20분 일기 쓰기로 일과나 생각을 정리하거나 미래를 계획하고 영어로 정리하는 시간을 가진다고 한다. 휴일에는 자막 없이 짧은 영어 애니메이션을 시청한다. 시간 활용을 하기 위해서 교과서, 신문, 소설책, 잡지, 팸플릿, 영어 동화책 읽기 등을 한다. 저자는 '관심분야의 주제로 흥미를 잃지 않는 것이 중요하다'고 한다. 위의 영어공부 실천 방법을 통해서 영어 실력을 쌓아나갔다.

저자는 중학교 시절 아버지의 일 때문에 미국에서 2년 정도 지낸 적이 있었다. 미국에서 미국인 친구들과 경쟁하기 위해서 노력했던 시간은 실력이 많이 향상된 시간이라고 말한다. 한국에 돌아와 외대부속외고에 진학을 했고, 진학 후 많은 활동을 했다. 영어 프레젠테이션 준비와 영어연극반 활동, 영자신문 만들기, 영어 모의법정, 영어경시대회, 영어연극대회 수상 등의 경험을 이야기한다. 저자는 한 권의 책을 읽더라도 책의 내용을 캐릭터, 배경, 상징 등을 영어로 정리하고 항상 기록하는 습관을 실천했다. 저자는 영어뿐만 아니라 정치, 경제, 사회 등 다른 분야에도 지식의 폭을 넓혔고 영국 옥스퍼드대학 법학과에 합격하기도 했다.

코로나 19가 시작된 이후 역대급 불수능이라는 평가를 받은 2021년의 수능에서 유일하게 전 영역 만점을 받은 김선우(여, 20)씨는 언론 인터뷰에서 하루 루틴(routine)을 지키는 것이 중요하다고 강조했다. 목표를 달성하기 위해 오늘 바로 나만의 긍정적인 루틴(positive routine)을 만들어 꾸준히 실천하는 것이 장거리 목표를 달성하는 데 효과적인 방법이 된다. '매일 같은 시간에 일어나 공부하고 쉰다'는 루틴을 만들고 실천해 슬럼프나 기복 없이 수험생활을 유지했다는 것이다. 우리는 목표를 추구할 때 동기부여(motivation)가 중요하다고 생각한다. 동기부여는 욕구나 목표를 향해 움직이는 동인이다.(motivation is the driving foce that moves you toward a desire or goal),

또한 김선우씨는 기자 간담회에서 매일 6시간씩 정해진 시간에 자고 일어나며, 새벽 6시 30분에 일어나 밤 12시 30분에 잠드는 생활을 반복했다고 한다. 그녀의 경우 7월에 모의평가를 한 번 봤는데 점수가 나오지 않아서 낙심하고 있었는데, 학원 담임 선생님께서 '조급하게 생각할 필요가 없고 기초부터 다지면 된다'는 격려의 말씀을 해주셔서 마음을 다 잡고 공부를 시작했다고 한다. 장거리 달리기와 같은 수능 시험도 결국은 멘탈 관리와 규칙적인 루틴이 중요함을 강조한다.

『딱 이만큼 영어회화』 김영익 저자는 영어에 대한 생활 계획표를 작성하여 실천하기를 추천한다.

○ 말하기 연습Private speech−○ 체화재료_____, ○ 훈련시간____요일____시간
○ 말하기 연습 목표____시간/ 달성____시간,

○ 실제 대화Meaningful interaction-○ 실제 대화를 할 모임 이름_____,

○실제 대화 시간____요일____시간, ○실제 대화 목표____시간/달성____시간,

○ 쉬운 영어 듣기Comprehensible input-○ 영어 듣기 재료____,

○ 영어 듣기 시간____요일____시간, ○ 영어 듣기 목표____시간/달성____시간

○ 셀프 피드백self feedback-이번 주 영어 평가____점/ 5점,

○이번 주 영어로 살아간 시간 목표____시간/____시간,

○ 이번 주의 잘한 점_____, ○ 이번 주의 개선 할 점_____.

위의 계획을 짜서 하루하루 루틴을 형성해간다면 보다 더 효율적이고 구체적인 영어학습을 하게 될 것이다. 또한 서사는 어떤 콘텐츠로 얼마나 영어를 공부할지, 어떤 모임에서 실제 대화를 나눌지 계획을 짜서 실행해보기를 권유한다. 스스로 영어학습에 대한 평가를 내리고 피드백을 한다. 한 주 동안 말하기 훈련을 얼마나 하였는지의 평가하고 새로운 계획을 세우고 실천하는 일을 꾸준히 반복한다. 여기서 중요한 것은 꾸준

함이라고 말한다. 꾸준한 실천을 위해서 계획들을 잘게 나누어 꾸준히 계속해서 실천할 수 있도록 하라고 강조한다.

나의 경우도 하루에 영어 루틴들을 세세히 실천하면서 흥미를 잃지 않고 꾸준히 영어의 환경을 만들어 즐기면서 할 수 있었던 것이 직업으로 연결된 경우이다. 영어를 통하여 세계의 다양한 각계각층의 사람의 생각들을 공유할 수 있었고 동기부여가 되는 영상들을 찾아 듣고 읽고 쓰고 하면서 한국뿐만 아니라 세상 밖의 일어나는 일들이나 유명한 사람에 대해서 알아보고 흥미를 갖게 되었다.

▶ What are your short long term goals?

본인의 장, 단기 목표는 무엇인가요?

▶ How do you detail with difficult people?

관계가 어려운 사람과는 어떻게 대처합니까?

▶ What do you know about our company?

우리 회사에 대해서 얼마나 알고 계십니까?

▶ Why do you want to work here?

왜 우리 회사에서 일하고 싶으신지요?

▶ How do you handle stress?

스트레스는 어떻게 해결하시나요?

영어는 세계적 금융 위기
해결의 키(Key)다

Excellence is not a skill, it's an attitude.
뛰어남은 기술이 아니라 태도에서 나오는 것이다.

− Ralph Marston −

요즈음의 사회적 관심사는 건강, 공부, 영어, 돈, 투자, 경제 등이다.

영어, 유학이나 어학연수를 가지 않고서도 잘하는 방법은 없는가? 재미있게 영어공부하는 방법은 없는가? 영어, 공부가 아니라 자연스럽게 재밌게 잘할 수 있는 방법은 없는가? 한국에서도 자연스럽게 돈 들이지 않고 배우는 방법은 없는가?

무수히 많은 사람들이 각자 다른 목적과 목표를 향해 영어를 배우지만 쉽게 해결되지는 않는다.

지금 우리나라는 영어를 배우는 데 연간 쏟아붓는 돈이 상상을 초월할 정도이다. 우리나라에서 한 해 동안 무역으로 벌어들인 해외 흑자 수입에 비하면 터무니없는 지출을 영어공부에 쏟아붓고 있다. 최고의 학력과 스펙을 쌓아 공기업과, 대기업에 취직을 해도 외국어의 한계에 부딪혀 오래 버티지 못하고 퇴사를 하는 경우가 많다. 지금의 현실은 이미 기업들은 실용영어를 구사하는 업무능력을 필요로 한다. 국내에서나 글로벌 비즈니스의 업무수행도 시험의 성적이 아닌 실생활의 실용영어로 바뀐 지 오래이다.

요즈음 젊은 세대를 밀레니엄 세내(Millennium generation) 또는 모바일 세대(Mobile generation)라고도 부른다. M세대는 1980년 초반 이후의 출생자를 지칭한다. M세대는 모바일 폰과 인터넷을 자연스럽게 사용하는 세대이다. M세대의 특징은 성공에 대한 높은 기대치, 빠른 속도, 소셜 네트워킹(SNS: Social Network Service)과 협력을 중시하는 세대라고 미국의 닐 하우(Neil Howe)와 윌리엄 스트라우스(William Strauss)는 말한다. 또한 M세대는 나 자신을 중시하는 이른바 '나홀로'족이라 지칭한다.

젊은이들이 열광하는 글로벌 스타이며 e스포츠(온라인상의 컴퓨터게임 대회나 리그를 지칭)계의 황제 '페이커' 이상혁의 연봉이 50억 원 달하는 것으로 알려져 있다. 우리나라 프로야구 선수 1위 연봉이 25억 원 정도이다. 글로벌 시대와 언택트(비대면)시대가 도래하면서 e스포츠 리그와 관련 콘텐츠들이 산업의 폭발적 성장의 아이콘으로 급부상하고 있다. 영어를 모르면 세계적인 게임 시장에 합류해서 나가는 것 자체가 흥미롭지 못할 것이다.

영어는 의사소통의 도구이자 또 다른 세상을 여는 열쇠이다

2016년 1월 세계경제포럼(WEF; World Economic Fourm)이 주최하는 46회 다보스포럼의 주제는 '4차 산업혁명(Industry4.0)의 이해'였다. 이때부터 4차 산업혁명은 정보통신기술(ICT) 기반의 새로운 산업시대를

대표하는 용어가 되었다. 세계경제포럼은 인류가 이끄는 최대 변혁의 시대를 시대별로 이렇게 정리한다. 증기기관 등 기계화로 대표되는 1차 산업혁명과 대량생산의 진입을 이끄는 2차 산업혁명, 컴퓨터와 디지털 세상으로 상징되는 정보혁명인 3차 산업혁명, 세계의 큰 격변기를 겪으면서 성장한 4차 산업혁명의 시대이다.

4차 산업혁명은 초연결(hyperconnectivity)과 초지능(superintelligence)을 특징으로 하기 때문에 기존의 산업혁명에 비해 더 넓은 범위와 더 빠른 영향을 끼친다. 이와 함께 교육 분야의 에듀테크, 금융 분야의 핀테크 등의 미래사회를 언어와 함께 이해할 때 직장인이 설 자리를 더 많이 확보할 수 있을 것이다. 4차 산업의 혁명을 맞이한 지금 우리의 현실은 어떠한지, 우리 젊은 직장인들이 준비해야 할 것은 무엇인지를 알고 잘 대체하고 적응해나가는 것이 필요하다.

4차 산업혁명의 특징은 그 아이콘인 AI(Artificial Intelligence, 인공지능)와 기계학습(ML), IoT(사물인터넷), 블록체인(Block Chain) 기반 기술, 로봇공학, 무인자동화 시스템, 자율주행자동차, 개인별 맞춤 서비스, 플

랫폼 경제, 공유경제, 프로토콜 경제, 빅데이터(BD), 가상 현실(VR), 가상화폐, 암호화 화폐, 디지털 자산, 드론, 유니콘 기업, 클라우드, ETF(Exchange Traded Fund, 상장지수펀드), NFT(Non-Fungible token, 대체불가토큰), 나노기술, 3D 프린트, 유전학과 생명공학의 융복합 기술, 바이오 산업, 신소재 기술, 에너지저장기술, 생명공학 등이다.

4차 산업혁명의 핵심은 생산방식의 변화를 이끄는 동력인 스마트팩토리 구축으로 디지털 전환 환경을 요구한다. 또한 행정과 교육의 분야에서도 풍부한 지식의 전달과 생산공장의 혁신적인 변화로 설계, 개발, 제조 및 유통 물류 등의 패러다임도 바꾸고 있다. 모바일 등 첨단 정보 기술이 경제, 사회 전반에 융합되어 세계 모든 제품, 서비스를 네트워크로 연결하고 사물을 지능화시킨다.

이와 더불어 친환경(ESG, Environmental, Social, Governance, 환경, 사회, 지배구조) 산업과 기술 등 새로운 산업의 분야들이 떠오르고 있다. 공유경제를 창출하는 새로운 패러다임의 시대를 이해해야 글로벌 시대의 생존 경쟁에서 살아남을 수 있다. 또한 세계 곳곳에서 벌어지는 여러 문화적 환경을 더 잘 이해하고 받아들이기 위해서는 그 주변의 나라에 대한 언어의 구사능력이 요구된다.

코로나 19로 대변되는 거리두기 및 접속단절 ('언택드'Untacted), 팬데믹시대(Pendemic, 전국, 전세계적인 유행병)에 급부상하는 것은 메타버스(Metaverse)의 세상이다. 차세대 기술로 급속도로 이슈가 되고 있는 가상, 초월을 의미하는 메타(Meta) 세계와 우주를 뜻하는 Universe의 합성어로 현실 세계에서 일어나는 모든 활동이 가상에서 이루어지는 것을 말한다. 이러한 사회적인 현상들은 산업의 양극화 현상을 가져온다. 메타버스 환경에서 일자리 상실, 고용의 불안과 생산성 향상 및 새로운 고용의 창출에 대한 준비를 필요로 한다.

글로벌로 나가는 4차산업혁명의 산업 자본의 흐름을 잘 파악해야 직장에서도 실질적인 살아 있는 영어, 현장에 필요한 영어를 구축해 나갈 수 있다. 요즘 젊은 사람들의 가장 핫한 트랜드 중 하나가 아바타 세상이다. 이미 현실세계와 같은 사회, 경제, 문화, 활동이 이뤄지는 3차원 가상세계를 일컫는 말로, 1992년 미국 SF(공상과학영화) 작가 닐 스티븐슨의 소설 『스노 크래시』에 등장한 개념이다. 메타버스는 5G 상용화에 따른 코로나 19 비대면 추세 가속화로 점차 주목받고 있다.

메타버스는 가상증강(VR, 컴퓨터로 만들어 놓은 가상의 세계에서 사람이 실제와 같은 체험을 할 수 있도록 하는 최첨단 기술)보다 한 단계 더 진화한 개념으로, 아바타를 활용해 단지 게임이나 가상현실을 즐기는 데 그치지 않고 실제 현실과 같은 사회, 문화적 활동을 할 수 있다는 특징이 있다.

영어학습의 현상도 시대와 현실을 반영한 환경과 산업에서 더욱 활발하게 발맞추어 이루어져야 한다. 단순히 책에서만 배우는 영어의 시대는 이미 현장의 생존 영어에 도태되고 말 것이다.

이러한 사회적 현상에 따라 직장인들이 준비해야 하는 것은 사회, 경제, 문화 등의 다양한 지식들을 섭렵하는 것이 영어를 잘 말하는 데 필요한 배경지식이 된다. 영어의 공부와 학습의 부분으로는 영어 말하기, 영어듣기, 영어의 발음과 어휘, 문법, 영어 이메일, 영어문서 작업 등이 있다. 전문 분야에 따라 연관된 영어프레젠테이션, 토익, 토플, 공인영어학습, 비즈니스영어 등의 준비가 필요하다. 이러한 시대에 영어가 직장인들의 국가와 민족, 언어와 문화를 초월해서 글로벌로 나가는 마스터 키(Master Key)가 되어줄 것임을 확신한다.

coffee and cookies

▶ What time do you call it a day?

몇 시에 퇴근하세요?

▶ Will you have time enough to do this for me tomorrow?

내일 이것을 해 줄 시간이 있겠어요?

▶ The work finished ; we were able to go home.

일이 끝나서 우리는 집에 갈 수 있었다.

▶ She works so fast that no one in the office can keep up with her, 그녀는 일을 매우 빨리해서 사무실의 누구도 따라갈 수 없다.

▶ You will be scolded some day for neglecting your duties.

직무태만으로 언젠가 혼날 날이 있을꺼야.

6

한국어를 잘할수록
영어도 잘한다

Everything has beauty, but not everyone sees it.
모든 것에는 아름다움이 있지만, 모두가 그를 보는 것은 아니다.

– Confucius –

영어회화를 할 때의 기본회화는 짧은 영어회화 책 한 권이면 충분히 정복될 수 있다. 영어를 배우는 목적이나 목표에 따라서 배경 지식이 풍부해야 내용이 잘 소통을 이루게 된다. 예를 들어 영어를 잘 구사하는 사람이라 할지라도 북한의 핵무기에 대한 내용을 설명한다든지 양자물리학에 대한 내용을 설명한다든지 경제용어에 대한 주식의 용어나 디지털 자산의 거래소에 대한 경제용어, 의학 분야에서는 의학용어를 충분히 알고 있을 때 의사소통이 원활하게 이루어질 것이다.

영어를 유창하게 하고자 하는 학습자가 원하는 목표가 정해지면 그에 맞는 용어들을 익히고 잘 활용하는 것이 풍성한 화제와 대화를 이끌어가는 방법이 될 것이다.

경제용어에 최소주의 이론이 있다. 영어에도 최소주의 이론이 있는데 이는 최소한의 문법으로 최대한의 문장을 구사할 수 있다는 것이다. 언어에는 문법이 정해져 있다. 다소 심도의 차이는 있으나 고급문법을 원하는 과정이나 시험을 목표로 하는 것을 제외하면 최소한의 문법으로 최대한의 문장을 구사하는 기술을 익혀야 한다.

최고의 요리를 만들기 위해서는 주재료가 충분히 준비되어야 한다. 아무리 좋은 양념과 소스를 갖추고 있다고 하더라도 싱싱하고 좋은 재료를 구비하는 것은 필수적이다. 영어를 잘하기 위해서는 한국어 배경지식이 충분하고 많아야 풍성하고 고급진 언어를 구사할 수 있을 것이다.

평소에 관심 있는 분야의 독서, 영상, 여행과 경험을 많이 쌓아 두면 상황을 표현할 때 꺼내 사용할 수 있다. 주변의 사물을 바라보면서 '저 대상은 영어로 어떻게 표현할까? 이런 상황을 언어로 표현한다면 어떻게 표현할 수 있을까?'에 대해 생각해보는 것이 유익하고 영어로 표현할 때 큰 도움이 된다.

영어를 잘하기 위해서는 짧은 문장들을 많이 접하고 독해나 문장의 이해도를 높일 수 있는 직관적인 분석력이 도움을 준다. 모르는 어휘나 내용이 나오더라도 상황이나 맥락 속에서 유추해낼 수 있는 능력도 평소에 두루두루 익혀 놓은 내용으로 추리할 수 있다. 다른 과목의 연계된 내용들이 도움이 된다. 사회, 경제, 문화, 정치, 철학, 예술, 등 다양한 소재들을 활영하여 영어를 유창하게 구사할 수 있다.

coffee and cookies

▶ Why do you want to change jobs?

왜 직장을 바꾸려 하시는지요?

▶ How would you be able to contribute to our company?

우리 회사에 어떻게 기여하시겠습니까?

▶ I'm very interested in this field.

저는 이 분야에 관심이 많습니다.

▶ What do you like about this job?

이 일의 어떤 점이 좋으신가요?

▶ Would you consider yourself to be a good supervisor?

본인을 훌륭한 관리자라고 생각하시나요?

7

영어 통찰력은
입 밖으로 나올 때 생긴다

I attribute my success to this I never gave or took any excuse.
나는 내 성공이 이것 덕분이라고 생각한다. 나는 어떤 변명을 하지도, 받아들이지도 않았다.

― Florence Nightingale ―

영어는 입 밖으로 말할 때 자신감이 회복된다

영어회화를 할 때 상대가 말한 내용을 듣고 대화의 내용을 이끌어가라

영어회화를 할 때는 상대방의 이야기를 듣고 맥락 속에서 대화의 방향

을 이끌어가야 한다. 그러기 위해서는 상대의 말에 집중해야 하고 원활

한 소통을 위해서 다양한 주제들에 내재된 표현들이 나타나는 상황을 이

해해야 한다. 언어의 목적은 상대에게 본인의 의사를 표현하고 자신의 생각을 전달하는 것이다. 영어 또한 말하는 사람의 목적을 알아차리고 그에 상응하는 대답을 내놓는 것이 필요조건이다.

시간 없는 직장인도 3개월 만에 외국인과 20분간 대화가 되는 『딱 이만큼 영어회화』(저자 김영익)의 부록에 보면 마우스 투 마우스의 훈련 활용법에서의 문장들이 있다. 대화를 할 때 주제에 대한 맥락을 파악하고, 질문에 대한 내용에 답하는 훈련을 해나가야 실전에서 당황하지 않는다.

● Do you have your business card?

→Yes, I have business card, here it is.

→No, I don't have my business card.

● Are you responsible for the marketing of new products?

→Yes, I'm responsible for the marketing of new products.

→No, I'm not responsible for the marketing of new products.

● How many bags do you have to check in?

→I have only one bag to check in.

→I don't have any bags to check in.

● Have you heard that the company is restructuring?

→Yes, I've heard that the company is restructuring.

→No, I haven't heard that the company is restructuring.

● How long does it take to get to work from here?

→It takes 30 minutes to get to work from here.

실제로 발췌한 여러 유형의 영어 문장에서 질문에 대한 응답으로 많은 부분을 언급하면서 대화를 이끌어가는 경우가 많다.

특히 짧은 단락의 대화 구문을 이끌어가는 경우는 더욱 질문의 내용들을 반복한다. 나의 경우나 영어를 배우고자 하는 단계에서는 상대의 말을 듣기에 집중하고 귀를 기울이기보다는 내가 무슨 말을 준비해야 하나를 더 많이 신경 썼던 것 같다. 무슨 말을 어떻게 해야 하는지를 많이 고민하고 문법이 맞는 구문인지를 머릿속으로 생각하다 보니 대화에 흐름에 대한 응답보다는 본인이 준비한 말을 하는 경우가 많았다.

영어의 맥락 속에서 대화를 이끌어가라

철학자 Martin Heidegger(하이데거)는 말한다.

"아무도 이해하지 못하는 언어로 말하는 사람은 실제로는 말하는 것이 아니다. 말이란 누군가를 향하는 것이기 때문이다".

"말을 배우는 것은 익히 알려진 친숙한 세계를 분류하기 위해 기존의 수단을 이용한다는 의미가 아니다. 그보나는 한 인간이 세계와 대면할 때 자신에게 드러나는 대로 세계의 친숙함과 지식을 획득한다는 의미다."

"언어가 있다는 것은 동물이 자신의 환경과 맺는 관계와는 전혀 다른 방식으로 인간이 존재한다는 의미다. 인간은 낯선 언어를 배울 때 세계와의 관계를 유지하며 낯선 언어의 세계로 자신의 세계를 확장함으로써 풍요롭게 만든다. 이렇듯 언어가 있는 사람에게는 '세계도 있다'."

영어학습의 습득은 의미가 기초되어야 한다. 『영어의 바다에 빠트려라』 저자 하광호박사는 고등학교 영어교사로 있던 1966년 미국으로 유학을 갔다. 이 책은 미국에서 석사, 박사를 마치고 뉴욕주립대 영어교육과 교수로 재직하며 미국에 영어교사가 될 대학생들에게 영어교수법을 가르치며, 한국의 영어교육 실정을 안타까워하며 펴낸 저서이다.

한국의 영어 학습자들에게 말하기에 대한 충고를 몇 가지 하고 있다.

첫째는 영어를 쓰는 사람들 사이에 있을 때 대화의 상황을 짐작해보고 (틀리더라도 좋으니까), 그 상황이 연속적인 내용이라고 가정하고 덤벼들어 보라고 추천한다.

둘째는 처음부터 장황한 표현을 따담으려 애쓰지 말고, 살아 있는 인간의 짤막한 표현이라도 익혀 교류를 통해 즉시 써먹어라.

셋째, 자주 학습한 "언어의 틀(sentence pattern)"을 따 담으라.

넷째, 학습자 자신이 배운 "언어의 틀"을 많이 써먹도록 재생산하라.

다섯째, 문법적인 세련에 지나치게 관심을 기울이는 대신 의미 전달에 최대한의 노력을 하라.

한국의 교육실정은 더욱 실용적이고 현실적인 교육으로 바뀌어야 학생들이 현장에 나갔을 때나 직장에서 살아남은 생존의 영어에 훨씬 가깝게 다가갈 것이라는 생각을 나는 한다. 평소에 느꼈던 생각들을 수업시간에 탈피하려고 실제 적용한 사례들도 있다.

나의 영어회화 수업시간에는 주로 학생들에게 주제를 주고, 주제에 필요한 내용들을 칠판에 적어놓는다. 학생들을 이동하게 하고 상황극을 만들어 실제 외국인들을 찾아가서 대화를 하듯이 강의장은 에너지와 생동감 넘치는 현장으로 변한다. 학생들은 수동적인 수업이 아니라 능동적인 자세로 변한다. 시험을 위한, 학점을 위한, 공부를 위한 수업이라기보다는 실제 현장실습을 해보는 수업시간으로 변한다.

학생들에게 영어원서나 동화책의 상황극을 만들어 이동하게 하고 표현하게 했던 사례들은 많다. 안타깝게도 한국의 중고등학교 교육실정은 시험과 성적 위주 내신반영으로 학습위주의 시간으로 채워질 수밖에 없는 실정이라 나도 안타깝게 생각한다.

coffee and cookies

▶ Did you belong to any clubs in college?

학창 시절에 동아리 활동을 했었나요?

▶ Why should we hire you?

왜 우리가 당신을 채용해야 하나요?

▶ Are women treated eqally as men?

여직원도 남직원과 동등하게 대우받나요?

▶ I'm over the age limit.

나이 제한에 걸려요.

▶ I have another call coming in.

다른 전화가 걸려오고 있네요.

The secret of happiness is not to do what you like,

but to like what you do.

행복의 비밀은 자신이 좋아하는 일을 하는 것이 아니라
자신이 하는 일을 좋아하는 것이다.

CHAPTER 3

막혔던 영어를
속 시원히 뚫어줄 핵심 포인트

1

해외 연수 가지 않아도
한국에서 환경을 찾아라

Time is what we want most, but what we use worst.
시간은 우리가 가장 원하는 것이지만, 우리가 가장 나쁘게 쓰는 것이다.

－William Penn －

영어를 배우기 위해서 외국으로 나가지 못하는 직장인들이나 한국인

들을 위해서는 많은 콘텐츠들을 활용하는 방법이 있다.

과거 미국 하와이에서 온 크리스를 1달여 동안 홈스테이 시킨 적이 있

었다. 물론 가족들의 동의와 호응으로 같이 지냈다. 가족의 행사에 같이

참여하기도 하고 여러 곳에 소개하면서 한국의 문화를 가르쳐 준 민간외

교를 하게 된 계기가 되었다. 그중에서도 크리스가 하는 말이다.

한국인은 만나는 사람들 대부분이 초면에 하는 질문들이 비슷하다고
괴로운 웃음을 지었다.

어느 나라에서 왔느냐? Where are you from?

이름이 뭐냐? What is your name?

나이는 몇 살이냐? What is your age?

취미는 무엇이냐? What is your hobby?

무슨 색을 좋아하느냐? What color do you like?

부모님은 계시느냐? Do you have your parents

형제, 자매들은 있느냐? Do you have any brothers and sisters?

형제는 몇 명이냐? How many brothers do you have?

결혼은 했느냐? Are you married?

여자 친구는 있느냐? Do you have a girlfriend?

애인은 있느냐? Do you have a lover?

한국에는 왜 왔느냐? Why did you come to Korea?

등등의 질문들이 거의 만나는 사람들마다 물어보는 질문이라서 한국에 지내는 동안 똑같은 이러한 질문들을 종이에 써서 배 앞부분과 등 뒤에 써 붙이고 다니고 싶다고 하면서 웃기도 했다.

한국인이 외국인을 만나면 물어보는 궁금증은 거의 비슷하다고 했다. 서양과 동양과 특히 다르고 삼가야 하는 질문들은 지극히 개인적인 질문들을 말하기를 정말 싫어하거나 꺼리는 경우를 많이 봤다. 자주 만나거나 지내면서 자연스럽게 알게 되는 경우를 제외하고 사생활에 침해받기를 싫어하는 경우가 대부분의 외국인들이 가장 공통된 이야기들이었다.

한국어에는 나이의 서열이나 순서에 따라 어떤 존칭을 선택해야 하는지를 결정하기 위해서 나이에 대한 사적인 질문을 하게 된다. 그러나 상대는 아주 불편함이나, 때론 불쾌감마저도 나타낼 때가 있었다.

한국 사람들과 서양 사람들의 문화적인 사소한 차이지만 개인에게는 반복되는 일상생활의 불편함이 상당히 크게 차지한다는 것을 가까이에서 보게 되는 계기가 되었다.

내가 영어영문학 대학원 박사과정 때의 일이다.

대학원 석사과정과 박사과정의 입학시험은 토익과 토플 시험으로 통과했다. 늘 해외로 유학을 갈려고 준비하던 시기였다. 해외에서 공부를 하기 위해 유학원에 의뢰하고 소통을 하는 노력들을 하고 있었다. 지도 교수님과 상의를 했다. 지도교수님이 왜 해외에서 공부하기를 원하는가 라는 질문을 했다. 그래서 나는 좋은 논문을 쓰기 위해서 영어를 사용하는 본고장에서 충분히 영어의 목마름을 해소하고 원어민들과 공부하고 싶었다. 영어 언어학의 깊이와 영어 음성, 음운론의 형태학을 더 연구하고 싶었다. 학부의 병리학과 연관된 언어 병리학을 연구하는 공부를 하고 싶었다. 임상 병리사 면허증을 취득해서 있으니 해외에서 직업을 구하는 것은 한국보다도 훨씬 더 큰 수입을 받는다. 국제 병리사 면허증을 취득하면 되는 일이었기 때문에 자신이 있었다.

뜻밖에 지도교수님은 해외유학을 만류했다. 이유는 해외에 나가지 않아도 외국에 있는 책을 다 구할 수 있고, 외국의 교수들이 하는 명강의, 명연설이나 학문의 논문이나 자료들을 구할 수 있기 때문에 외국의 유학 길을 말렸다. 국회전자도서관, 국립중앙도서관, 한국데이터정보과학회 (KDISS), 한국학술정보(KISS) 등 인터넷에서 좋은 자료들을 받아볼 수 있다는 것이었다. 그래서 국내파의 저력으로 국내 대학원 박사과정 중

운이 좋게 대학교에서 강의를 하게 되었다.

해외 유학을 다녀와도 대학에서 강의를 하기가 쉽지 않은 환경에서 다행히 학회발표장이나 논문 발표회의 열띤 질의와 토론, 외국인 교수나 학자들의 특강 때의 진행과정이 눈에 띄게 되어 여러 대학에서 강의를 할 기회를 갖게 되었다.

병리학과― 의학영어, 의학용어, 정보영어학과―영어학 개론, 유아교육학과― 영어토익, 영어회화, 항공학과, 전자학과― 비즈니스영어, 보건학과― 대학영어, 식품영양학과― 생활영어 등 강의를 하면서 보람되고 삶의 가장 찬란한 시간으로 15년 여를 대학에서 보내게 되었다.

1995년 한국 영어학습자들의 잠을 깨운 뉴욕주립대 영어교육과 교수 하광호 박사가 쓴『영어의 바다에 빠트려라』저서는 많은 문제를 안고 있는 한국 영어학습자를 위해 쓰여졌다. 미국 주립대 영어교육학과 30년에 걸친 강단 경험을 한국에 소개해 화재를 모은 영어정복의 핵심강좌를 풀어놓은 책이다. 하광호 교수가 영어 때문에 너무나 많은 고통을 겪고 있는 한국의 학생들에게 어떻게 하면 보다 적절한 방법으로 영어 정복을 도와줄 수 있을까를 생각하다가 펴낸 저서이다. 저자는 영어를 마스터하기 위해서라면 꼭 미국으로 유학을 갈 필요까지는 없다고 말한다. 한국에서도 얼마든지 영어를 정복할 수 있는 길이 있다고 말한다. 저자는 한국에서 영어 때문에 고통을 겪는 이유 중의 하나를 교육의 환경이라고 말한다. 한국의 영어 교육 환경을 크게 바꾸려면 영어교사 양성 환경을 바꾸어야 한다고 지적한다.

이와 더불어 나의 생각은 한국의 영어교육은 책과 시험 위주의 영어에 많은 시간을 투여하는 것이 수영을 컴퓨터로 배우는 것과 같은 우(愚, 어리석다)를 범한다고 말하고 싶다.

coffee and cookies

▶ I'm the life of the party at work.

저는 직장에서 분위기 메이커입니다.

▶ The interview weight on my mind all the time.

인터뷰가 내내 마음에 걸려.

▶ His way of working hasn't got any better.

그 사람 업무 태도는 여전해.

▶ She attended the meeting in spite of illness.

그녀는 병중에노 회의에 참석했어요.

▶ Your friend came to see you in your absence.

친구 분이 부재중에 찾아왔어요.

좋아하는 분야에서
영어를 즐겨라

The best way to predict the future is to create it.
미래를 여는 가장 좋은 방법은 그것을 만들어내는 것이다.

– Peter Drucker –

건강, 돈, 투자, 부동산, 주식, NFT, 코인, 영어팝송, 영화, 여행, 요리, 운동, 스포츠, 게임, K뷰티, K–POP 등이 최대의 관심사이다. 나이나 직종별로 테마나 주제의 성향은 다르겠지만 영어학습의 도구로 다룰 수 있는 부분으로 알고리즘을 찾아가며 본인의 전문 분야나 관심사를 넓혀 나가길 추천한다. 나는 영어팝송으로 학습자의 지친 영혼을 달래고 달콤한 멜로디로 영어에 대한 새로운 열정들을 끓어올리기를 추천한다.

⟨THE ROSE, Some say love it is a river⟩ (1979)

written & music by Amanda McBroom(아만다 맥브룸)

singing by Bette Midle(배트 미들러)

Some say love, it is a river   어떤 사람들은 사랑이 강이라고 합니다.

that drowns the tender reed.   연약한 갈대를 꺾어버리는

Some say love, it is a razor   어떤 사람들은 사랑이 칼날이라고 합니다.

that leaves your soul to bleed.   당신의 영혼이 피나게 하는

Some say love, it is a hunger   어떤 사람들은 사랑이 배고픔이라고 합니다.

an endless aching need.   영원히 고통스러운 부족함이라고

I say love, it is a flower   난 사랑을, 꽃이라고 하고,

and you its only seed.   당신은 사랑을 단지 씨앗이라 하죠.

...

Just remember in the winter, far beneath the bitter snows lies the seed 겨울을 생각해봐요. 눈 아래는 땅속 깊이 씨앗이 있죠.

that with the sun's love in the spring becomes the rose.
씨앗은 태양의 사랑으로 봄이 되면 장미로 피어날 테니.

MP3를 이용한 영어 청취나 Tape, CD, 비디오, 노래, 게임, 영화 등으로 일상회화와 연설, 토론을 통해서 세상의 다양한 분야에 관심을 갖고 영어의 실력을 넓혀나가는 것이 유용하다.

나는 대학에 오고가는 시간에 운전을 하면서 CD나 MP3을 이용해 〈오바마스피치〉, 언제 어디서나 원문으로 즐길 수 있는 미국이 44대 대통령 오바마 명연설문을 들었다. 힐러리 클린턴, 오프라 윈프리, 루터 킹의 연설문을 듣기도 했다. 내가 대학 강단에서 학생들을 가르칠 때의 두려움 없는 자신감은 최대한 수업 준비를 여러 방향으로 많이 해놓은 상태가 되면 마음이 편안하다는 것을 많이 경험했다.

오바마 취임연설(Obama's Inaugural Adress)-워싱턴 D.C. 미 국회의

사당에서의 연설이다.

"Ameria. In the face of our common dangers, in this winter of our hardship, let us remember these timeless words. With hope and virtue, let us brave once more the icy currents, and endure what storms may come. Let it be said by our children's children that when we were tested we refused to let this journey end, that we did not turn back nor did we falter, and with eyes fixed on the horizon and God's grace upon us, we carried forth that great gift of freedom and delivered it safely to future generations. Thank you, God bless you, God bless the United States of America."

"미국인이여, 우리의 공동 위험을 맞아서, 우리의 고난의 겨울에, 이 영원한 말을 기억합시다. 희망과 미덕으로 다시 한번 얼음 해류에 용감히 맞서고 다가올 폭풍우를 견뎌냅시다. 우리의 아이들의 아이들이 얘기하게 합시다. 우리가 시험 받았을 때 우리는 이 여행을 끝내기를 거부했고, 우리는 돌아서지도 흔들리지도 않았습니다. 눈을 수평선에 고정시키고 신의 은총을 받으며 우리는 그 자유라는 위대한 선물을 앞으로 가지고 나갔고 미래 세대에게 그것을 안전하게 전달했습니다. 감사합니다. 신이여 여러분을 축복하소서. 신이여 미국을 축복하소서."

'라이언샘'으로 알려진 박용호 『영어 잘하는 사람들의 작은 습관』의 저자는 "영어는 예체능입니다."라고 말한다. '영어는 매일 반복할 때 아주 조금씩 나아집니다. 매일 빼먹지 않고 연습 할 수 있는 작은 습관을 만드세요.'라고 전한다.

저자 라이언은 미드가 영어학습에 좋은 이유로 '교과서 영어의 한계를 벗어나 원어민들이 구사하는 자연스러운 영어를 경험할 수 있다는 것'을 들었다. 미드보다 좋은 교재를 찾기는 어려울 것이다. 미드가 영어학습에 좋은 이유로는 미드는 authentic material (실제로 사용하는 영어를 다루는 자료)이다. 그리고 재미있게 즐길 수 있는 자료이며, 구하기가 쉽다.

코리아헤럴드 〈영어산책〉에 실린 김대균의 '영어를 잘하는 사람들의 공부법' 내용이다.

1. 당신의 체질상 가장 공부하고 싶은 시간을 찾아 매일 그 시간에 영어공부를 하자.

2. 영어공부만 할 수 있는 자기만의 공간을 만들자.

3. 매일 읽고 쓰고 그것을 큰 소리로 읽어보자.

4. 짧은 문장부터 받아쓰기나 섀도잉(그림자처럼 따라해보기)을 해보자.

5. 충분한 데이터가 입력돼 있어야 말과 글로 나올 수 있다.

6. 기왕이면 독하게 공부하자!

저자는 '영어공부를 누구나 시작하지만 성과를 제대로 보지 못하는 경우가 많다. 그런 이유 중에 가장 큰 것은 조금씩이라도 매일 꾸준히 하는 것을 하지 못하기 때문이다'라고 한다. 읽기와 듣기를 충분히 하면 말하기와 글쓰기가 되어 나온다는 자신감과 확신을 가지고 '공부하자! 확신이 중요하다!'라고 말한다.

시도가 중요하다. 그리고 하루 한두 문장은 암기하자!

그리고 이것을 녹음해 보자. 자기 목소리를 듣는 데 익숙하지 않은 분이 많은데 이것을 해보면 자신의 억양이나 발음에서 어디가 문제인지를 쉽게 파악할 수 있다. 영어를 공부하려면 영어에만 집중하는 시간을 가지는 것이 효율성을 높인다.

coffee and cookies

▶ It's the survival of the fittest.

적자생존이야.

▶ I made an honest dollar.

난 정직하게 돈을 벌었어.

▶ It doesn't pay.

타산이 안 맞아.

▶ I was falling down on the job.

나는 일을 대강대강 했어.

▶ They agreed to disagree with the project.

그들은 그 프로젝트에 대한 상호 의견 차이를 인정했다.

3

말의 꾸러미, 연어(Collocation)를
많이 알면 쉬워진다

Optimism is the faith that leads to achievement.
Nothing can be done without hope and confidence.
낙관주의는 성취를 이끄는 신념입니다.
희망과 자신감 없이는 아무것도 이뤄낼 수 없습니다.

— Helen Keller —

영어에도 어울려 쓰이는 말들이 있다. 그러한 표현들을 시험을 위한 용도로서의 연어가 아니라 의사소통을 위한 활용의 영어를 구사하게 되면 훨씬 고급진 영어를 구사할 수 있다.

영어명언, 영어 팝송, 영어 명대사, 영어 명연설 등을 필사하고 외워 놓는다면 영어의 말하기뿐만 아니라 영어의 영작에도 큰 도움이 된다.

문법, 패턴, 어휘, 스토리로 언어의 장벽을 넘어라

영어의 기본 용어와 개념을 이해하고 기본적인 문법의 핵심 내용과 이해가 밑바탕이 되어 있어야 한다. 영어의 문법이 중요하지 않다고 말하는 사람들이 많다. 심지어는 영어의 문법이 필요 없다고 말하는 사람도 자주 만난다. 영어의 문법이 필요 없는 것처럼 말하지만 사실상은 그렇지 않다. 영어권에서 처음부터 태어나고 어릴 때부터 영어가 모국어인 사람에게 배우면 여러분의 실수와 시행착오로부터 교정된 내용을 말할 때에는 언어의 직관이 생겨 영어를 배우는 도중에 저절로 알게 되는 경우이다. 그렇지만 제2외국어로서의 영어는 기본적인 문법을 알고 있어야 의사소통의 충돌이 줄어든다.

영어에 있어서 연어를 자주 사용하게 되면 훨씬 청취나 회화에 유용하게 사용할 수 있다. Collocation(연어)—어떤 언어 내에서 특정한 뜻을 나타낼 때 흔히 쓰이는 단어들의 결합을 말한다. 연어나 숙어나 관용어구가 영어의 회화에서 많이 사용된다. 특히 연어의 경우는 자주 사용되는 표현들이 이제는 같이 붙어 쓰임으로 잘 익히고 외워 두면 회화 표현에 잘 활용할 수 있다. 나의 경우에도 연어들을 영작이나 회화표현에 사용하기를 좋아한다.

특히 토익이나 토플을 준비하는 학습자라면 더 유용하게 활용되는 표현이다.

▶ Preposition Collocation

⟨Preposition - out⟩

ex) out of work, out of breath, out of stop, out of context

⟨Preposition - by⟩

ex) by of pity, by chance, by accident, by air, by all accounts

⟨Preposition - for⟩

ex) for good cause, for a change, for fear of, for good, for leal

▶ Verb Collocation

Do, Make, Have, take, Get - Collocation

ex)

Do the cooking, Do the housework, Do the shopping, Do your best

Make a mess, Make a mistake, Make money, Make progress, Make trouble

Have a good time, Have a bath, Have a drink, Have a relationship, Have lunch

Take a rest, Take a break, Take a chance, Take a taxi, Take a exam, Take notes

Get pregnant, Get a call, Get home, Get a chance, Get together, Get hungry

coffee and cookies

▶ He's extremely busy at the moment.

그는 지금 몹시 바쁘네요.

▶ I'll make it on my calender so I don't forget.

잊어버리지 않게 달력에 기록해 둘께.

▶ Recently, prices have risen steadily.

최근에 물가가 꾸준히 올랐어요.

▶ Have you got your pay?

월급 받았니?

▶ He's on a business trip.

그는 출장 중입니다.

영어는 기본 동사를
잘 활용하면 쉬워진다

When the power of love overcomes the love of power the world will know peace.
사랑의 힘이 힘에 대한 사랑을 이길 때, 세상은 평화를 알게 될 것이다.

- Jini Hendrix -

지금 당장 영어사전을 펼쳐보라. Do, Have, Get, Take, Come, Go, Make, Give, Keep, Turn…. 이 동사들이 내뿜는 의미를 영어학습자들이 상상하기 어려울 정도로 많은 내용들을 이 동사들이 상징하고 있다.

이들을 영어회화의 대표 선수들이라고 생각한 것이 훨씬 이해가 쉬워지겠다.

『10개 동사면 네이티브와 통한다』 저자 아이작 더스트는 네이티브 (Native, 네이티브, 토박이, 태생인 사람)들이 가장 많이 쓰는 10개 동사가 갖 가지 상황에서 어떻게 다재다능하게 쓰이고 활용되는지를 보여주는 책 이다. 아이작의 저서에는 상세한 설명과 생생한 활용 예문들의 사용법을 보여준다. 저서에서는 기본동사 10개의 다양한 의미 변신을 보여줌으로 써 영어 말하기 실력을 한층 키울 수 있다.

· DO

I'm doing well. 잘 지내고 있어

I could do with a coffee. 커피 한잔하고 싶어

Do all you can. 할 수 있는 만큼만 해

I'm doing my time. 더 좋은 기회를 기다리는 중이야

Can you do me a favor? 내 부탁 좀 들어줄래?

· HAVE

Have a good time. 즐거운 시간 보내!

Can I have a word with you? 잠깐 얘기 좀 할 수 있어?

What did you have in mind? 뭐 하고 싶은 거 있었어?

I have a job to do. 할 일이 좀 있어

She has a gift for English. 그 여자 영어 실력은 정말 타고났나 봐

• GET

We get along great. 우리 아주 잘 지내요

Let's get it right. 잘해보자

I have to get in shape. 운동을 좀 해야겠어

Let's get together soon. 조만간 다 같이 모이자고.

• TAKE

Let's take it easy. 쉽게 생각하자

I take after my father. 난 아빠 닮았어

Take your time. 서두를 것 없어

His career is taking off. 그는 정말 성공할 거야

I'm taking her out tonight. 오늘 밤 그녀와 데이트 할 거야

Be sure to take notes. 꼭 받아 적어

- COME

Come back here. 돌아와

We came from behind. 역전했어

I came out on top. 내가 해냈어

I came down with the flu. 나 감기 걸렸어

He comes across as nice. 그 사람 인상이 참 괜찮아

- GO

Go with the flow. 그냥 대세를 따라가

They go well together. 둘이 잘 어울려요

They went all out. 그들은 정말 최선을 다했어

They went out of business. 그들은 완전히 파산했어

- MAKE

Don't make me laugh. 야, 웃기지 좀 마

Let's make up. 화해하자

Let's make some money. 돈 벌자

She made an effort. 그녀는 최선을 다했어

He made good on his word. 그는 약속을 제대로 지켰어

· GIVE

I'll give it a go. 노력해볼게

He gave his life. 그 사람은 자기 인생을 바쳤어

Give me a minute. 잠깐만요

Give me a hand. 나 좀 도와줘

Give me the latest. 최근 소식 있으면 말해봐

· KEEP

Keep your fingers crossed. 행운을 빌어줘

Keep off the grass. 잔디를 밟지 마세요

Keep the change. 잔돈은 가지세요

Keep the pace. 속도를 유지해

You should keep your promise. 약속 꼭 지켜야 해

Keep your chin up. 힘내

- TURN

Turn off the lights. 불 좀 꺼주세요

It turned out well. 결국 잘 됐어

Turn down the volume. 볼륨 좀 줄여줘

The light just turned green. 앗, 파란불이야

I wish I could turn the clock back. 시간을 거꾸로 돌릴 수 있다면 좋겠어

실제로 나의 경우에도 지면으로 된 사전으로 자주 사용되는 동사들의 활용도에 대해서 학생들과 동사를 찾고 활용사례들을 공유한 적이 있다.

기본 동사와 함께 조동사의 활용들을 가미하면 음식의 향이나 풍미를 더하듯이 내용을 풍성하게 전달할 수 있는 수단이 된다.

나는 수업 시간에 수업이 시작되기 전 영어로 1분에서 3분 정도의 인사를 하고 들어와 자리에 앉게 했는데 영어 동사의 기본적으로 자주 사용하는 단어를 사용하여 말하게 하였다. 처음보다 시간이 갈수록 점점

영어를 구사하는 시간은 길어졌다. 쉬운 기본 동사나 단어를 사용하게 하면 학습자의 마음의 부담이 줄어들었다. 하지만 실제로 영어로 말을 해야 하는 상황들은 절대 쉽지만은 않다.

WISE 한 목표 세우기

W ⇒ Will power : 의지력이 있어야 한다

I ⇒ Initiative : 진취적이어야 한다

S ⇒ Stamina : 끝가지 밀고 나가야 한다

E ⇒ Enthusiasm : 열정을 가져야 한다

5

영어는 소리내서
낭독하고 말하라

The relationship between husband
and wife should be one of closest friends.
남편과 아내의 관계는 가장 가까운 친구 사이 같아야 한다.

— B.R. Ambedkar —

나는 지금도 영어를 소리 내어 낭독하는 것이 스트레스 해소의 방법 중 하나이다. 속이 답답하고 터질 것 같은 심정이 느껴질 때에는 몇 시간 씩 영어를 낭독한다. 어린아이가 큰 소리로 동화책을 읽고 즐거워하듯이 나도 영어 성경이나, 영어 명연설이나, 장문의 영어책을 낭독한다. 속이 후련함을 느낀다. 그리고 때론 반복해서 녹음을 하여 들어보기도 한다. 웃음이 날 때도, 속이 더 갑갑할 때도 분명 있다. 원어민처럼 더 멋진 버

터발음을 하고 싶을 때도 많다. 그래도 한가지 분명한 사실은 늘 영어는 나에게 가슴 떨리는 설레임으로 영어를 대하던 그 순간순간의 기억들로 흥미 있어 하고 즐거워하고 재미있고 수많은 콘텐츠들을 게임보다도 더 즐긴다는 사실이다.

나는 지금까지 게임은 해 본 적이 없고 콘텐츠의 게임의 동영상을 열어 본 적도 없다. 스포츠는 축구와 농구 정도의 규칙을 아는 정도만 관심이 있다. 특히 게임의 룰은 더더욱 모르니 관심 밖이다. 과격하고 폭력적인 것에 흥미가 없으니 더더욱 관심 밖이다. 그래서인지 나는 거의 중독 수준으로 영어의 콘텐츠들에 흥미를 느끼고 성취감을 가져온다.

말하기

개인적인 주제에 관하여 간단한 이야기를 나누는 연습을 하기 위해서는 외국인을 만나는 노력을 해야 한다.

영어의 주요 문법과 다양한 주제를 다룰 수 있는 만큼의 충분한 어휘를 터득해야 할 필요가 있다. 영어로 쓰인 신문과 잡지를 구독하는 것이 좋다.

영어로 된 글을 가능한 한 많이 읽어야 한다. 상당히 많은 어휘를 아는 것이 궁극적으로 높은 수준에 도달하게 하는 열쇠이다.

『영어 낭독훈련에 답이 있다』에서는 덩어리 끊어 읽기를 제시한다. 의미 단위로 끊어 읽기에 도움이 될 만한 몇 가지를 제시하고 있다.

• 문장 앞부분에 덩어리가 올 경우

1) 부사어에서 끊어 읽음.

Unfortunately, / there was not much we could do to make things better for the dying animal.

2) 부사구(준동사구 포함) 덩어리 뒤에서 끊어 읽음.

Form the beginning, with this cold weather, / there was not much

3) 부사절 덩어리 뒤에서 끊어 읽음.

Although we knew that the animal was going to die soon, / we tried everything we could do to make things better.

4) 긴 주어 덩어리 뒤에서 끊어 읽음.

The fact that the animal was going to die soon / made us sad but we didn't lose our hope and tried everything we could do.

- 문장 끝부분에 덩어리가 올 경우

5) 위 4가지 덩어리가 문장 뒤로 올 때 덩어리 앞에서 끊어 읽음.

They tried everything they could do, / to make things better and faster.

- 문장 중간, 주어와 서술어 사이에 덩어리가 올 경우

6) 형용사구(전치사구, 분사구) / 형용사절(관계사절) 전후에서 끊어 읽음.

The team / realizing that they still had a chance to win, / tried everything they could do to make things better.

- 문장 사이 여러 군데 덩어리가 올 경우

7) 각 덩어리별로 말하는 이의 의도에 따라 끊어 읽음.

Realizing that they still had a chance to win, / The team / from a small country named Korea / tried everything they could do / because they knew that they could win in the end.

영어는 한국말과 어순이 달라서 주부와 술부를 먼저 강조한다. 영어를 말할 때나 낭독훈련을 할 때 문법적인 부분을 참고하여 기억해 두었다가 필요한 의미 단위로 끊어 읽으며 의사를 전달해야 훨씬 더 청자에게 전달되는 느낌과 안정감 있는 영어의 문장을 전달할 수 있다.

coffee and cookies

▶ Can I have your number?

전화번호 남기시겠어요?

▶ Try his cell phone.

핸드폰으로 전화해 보세요

▶ Would you like to leave a message?

메모 남기시겠어요?

▶ Should I get him to call you back?

연락드리라고 할까요?

▶ I'll make sure she gets the message.

그녀에게 그렇게 전해드릴게요.

6

영어 초분절음(발음, 강세, 리듬)을 정복하라

So long as the memory of certain beloved friends lives in my heart,
I shall say that life is good.
사랑하는 친구들에 대한 기억이 내 마음속에 살아 있는 한, 인생은 좋은 것이라고 말 할 것이다.

— Helen keller —

의사 소통을 하기 위해서 발음이나 문법이 뭐가 중요하냐를 묻는 경우를 너무 자주 본다.

그 질문을 나에게 한다면 당연히 문법과 발음은 중요하다고 말한다. 문법을 설명할 때 자동차 운전에 비유하여 설명해보자. 자동차의 기본적인 교통규칙이나 법규를 알고 거리나 도로에 자동차를 몰고 나가야 한다. 그냥 차를 몰고 나가서 돌아다니는 것도 운전이다. 그렇지만 교통사고가 과연 나지 않을까? 작은 실수에도 목숨과 바꾸어야 하는 실수를 저지를 수 있다. 영어라는 언어에도 규칙이 있다. 아무 말이나 해도 외국인들이 처음에는 어느 정도 웃어주고 이야기하겠지만 얼마나 오랫동안 나와 이야기를 하고 싶어 할까? 생각보다 상대가 인내심이 많지 않다. 문장이나 담화의 맥락에 소통의 부자유스러움으로 얼마나 많은 정보를 교환하고 공유하고 상대의 이야기를 이끌어내어 나에게 유리한 쪽으로 이끌며 유익한 정보를 얻어낼 수 있을까? 좀 더 깊고 전문적인 대화에서 상대를 설득하거나 회사의 이익이나, 자산 금융에 관한 이익의 실현과 창출의 대화라면 좀 더 적극적이고 치밀한 내용들을 준비해서 대화를 이끌어나가야 할 것이다. 이러한 측면에서 좋은 대화, 원활한 소통의 장을 마련하기 위해서는 최소한의 문법이나 말의 규칙들이 중요하다고 말할 수 있다.

발음에 대해서 나에게 물어오는 경우가 많다. 한마디로 원하는 것을 더 빠른 시간에 얻기 위해서는 내가 전하는 발음이나 메시지가 상대에게 정확하게 전달될 수 있어야 한다. 그러면 빠른 시간에 어려움을 해소해

나갈 수 있다고 말하고 싶다. 발음에 대해서 비유를 할 때 반기문총장의 경우를 자주 말하곤 한다. 반기문 총장은 발음이 그렇게 세련되지 않아도 외교통상부 장관을 지내고, UN 사무총장을 맡아 국제무대에서 연설을 한다고 많이 했다. 그래서 발음이 중요하지 않다고 하는 경우를 많이 봤다. 그럴 때에는 연설이나 담화의 맥락 속에서 메시지를 전달하는 경우라서 상대가 지관과 능력을 동원해서 알아듣고 이해해 나가기 때문인 경우가 많다.

한국에서 토익하면 김대균 토익이 유명한데 발음의 일화가 있다. 한국에서 토익 만점을 수없이 많이 받고 토익 시험이나 영어의 달인이라고 하는데 미국에서 햄버거를 사먹으려고 찾아간 레스토랑에서 햄버거 주문을 하는데 종업원이 알아듣지를 못해서 황당한 경우가 있었다고 말한 적이 있다. 그 경우는 우리나라 대학생들이 수년간 영어를 배우고 시험에는 수차례 만점을 받고 실력이 출중하여 좋은 스펙으로 회사에 취직을 해도 당장 처리해야 하는 영어의 업무능력을 처리해 나가기는 쉽지 않다. 그 해결 방법은 영어를 배울 때 어렵고 시간이 걸리더라도 기본적인 규칙들을 정확히 익히고 문장들을 만들어 사용한다면 더욱 자신감과 확신에 찬 능력으로 상대에게 다가갈 수 있는 무기를 장착하게 될 것이며 그 자산과 무기는 언제든지, 어느 때든 실력을 발휘하게 된다.

유창하게 말하기, 즉 막힘없이 말을 할 수 있기 위해서는 목표 언어에 대한 어휘 수준이 어느 정도 갖춰져 있어서 무의식적으로 이해할 수 있는 어휘가 많아야 한다. 또 자연스럽게 발성과 속도를 조절할 수 있고 적절하게 의미 단위로 끊어 말하기를 할 수 있어야 한다. 이런 기본기가 없다면 유창한 스피킹을 기대할 수 없다.

Phonetics (발성)의 부분은 단어 발음, 강세, 액센트(Word Stress), 연음, 축약, 탈락, 동화, 등의 발음 현상 처리(Liaison), 자음, 모음, 파열음 처리(Consonant/Vowel Sounds), 문법적 활용 어미 처리(Grammatical Endings), 리듬(Rhythm), 내용어/기능어 처리(Content/Function Words), 억양 (Intonation), 자연스러움(Naturalness), 낭독 연습량 (Practice Amount), 끊어 읽기(Pause), 의미 덩어리, 사고 단위(Thought/ Idea Groups), 글 이해도(Sentence/Passage Understanding)

음절(syllable)-자음과 모음으로 구성된 최소 단위, 영어는 모음을 기준으로 음절을 나눈다. 중요한 것은 한국어와 영어 발음의 음절이 다름을 아는 것이다. strike라는 단어를 한글로 표기하면, '스트라이크'가 되고, 한국어로는 5음절이 되지만 영어는 1음절로 발음된다. 즉 strike란 단어를 한국어 표기처럼 읽어서는 영어가 아니라는 사실을 이해하고 영어 단어의 발음을 처음 배울 때 잘 따라 하는 것이 좋다.

강세(stress)-흔히 '강세가 놓인다, 강세를 준다'라고 할 때 2음절 이상의 단어에서 한 부분을 다른 부분보다 강하게 발성하는 것을 말한다. 대화를 할 때 언어로서 전달되는 부분도 중요하지만 비언어적인 부분도 대화의 주요 요소에서 무시할 수 없는 부분이다.

발음에서 특히 한국인의 ESL(제2외국어) 환경에서 어려워하는 발음들이 많지만 몇 가지는 영어를 학습하는 데 알아두면 더 효율적인 공부가 될 것이다. 〈Magic English 이근철TV〉를 운영하는 이근철 영어강사는 영어에서 가장 중요한 발음규칙들을 제시한다.

ex)

규칙 1 : c+a/o/u=[ㅋ]

cat–캣 / case–케이스, cold–코울드 / come–컴,

cut–컷 / focus–포우커스

규칙 2 : 입천장 앞부분 ch[t⋈]취 vs. dge[d⋈] 쥐

church–춰얼춰 / judge –저엇쥐, cheap–취입 / jeep 쥐입

규칙 3 : 두 치아 사이에 혀 끝 th[θ] vs. the[ð]

bath–베쓰 / bathe–베이드 / think–씽크 / this –디스

thank –쌩크 / that –댓

coffee and cookies

▶ Did anyone call?

전화 온 데 없어요?

▶ She wants you to call back.

그녀가 전화 해 달래요.

▶ He's in a meeting right now.

그는 지금 회의 중입니다.

▶ What was it about?

무슨 용건이라든가요?

▶ Would you like to hold?

잠시 기다리시겠어요?

7

영작을 쉽게 하는
원서, 필사, 일기

The only way to have a friend is to be one.
친구를 갖는 단 하나의 방법은 친구가 되는 것이다.

– Ralph waldo Emerson –

영어필사 컴퓨터 키보드로 하는 것이 좋은가? 손으로 직접 노트에 쓰는 것이 좋은가? 나의 경우에는 두 가지 다 사용한다.

나는 영어를 배울 때 좋은 내용의 글들을 필사하는 경우가 많았다. 그러면 영어에 대한 생각들이 정리가 되고 마음이 평온해옴을 많이 느꼈다. 명언들이나 유명한 사람들의 스피치, 대통령들의 연설을 따라 읽고 스피치 해보고 필사하는 시간을 자주 가지고 수기로 기록하고 필사하는 것의 장점은 언어의 취사 선택이나 좋은 문장들을 배우고 싶어서이다.

스마트폰과 컴퓨터가 일상이 되어버린 이 시대. 화면을 보고 업무를 하거나 화면을 보고 손가락만 조금씩 움직여서 거의 모든 업무를 처리하는 때부터는 컴퓨터 키보드 필사를 많이 하고 있다. 그런데 나는 컴퓨터로 글을 쓰거나 책을 집필하고 업무를 처리하는 경우가 많기 때문에 전자파에서 동떨어져 있는 편안한 곳에서 예쁜 수첩이나 어록 노트에 필사는 할 때 가장 정서적 안장을 취할 수 있다.

내가 영어에 목말라하던 시간들은 주로 좋은 명언이나 영어 구절들을 노트에 빼곡히 써내려가며 영어에 대한 생각을 놓지 않을 수 있는 방법 중의 하나였다.

손으로 필사를 하게 되면

『시간을 엮으니, 우리』 공동 저자 이도는 말한다.

"나적생! 적자생존"

'베끼고 적어야 산다'의 의미로 〈반지의 제왕〉, 〈식스센스〉, 〈인생은 아름다워〉, 〈슈렉〉등을 번역한 대한민국 대표 영화 번역가 이미도가 언급한 영어학습법으로, '영어 스토리나 에세이 등 최대한 많은 문장을 베껴 써 보아야 영어가 는다고 한다.

필사는 일종의 프레임, 틀을 말한다. 생각을 담을 '프레임, 틀'을 탄탄하고 견고하게 만드는 과정이다. Output, 출력의 역할을 하는 'Writing, 쓰기'에 직접적인 연결고리가 되는 것은 'Speaking, 말하기'이다. 생각이 담긴 말을 글로 옮기면 쓰기가 된다. 영어 필사의 과정은 Input, 입력의 역할과 동시에 Output, 출력의 역할을 담당하게 된다. 영어 필사라는 학습을 통해서 흥미와 학습의 기반을 잡고, 영어의 전반적인 직관의 영역을 넓혀 나가는 영어의 도화선이 될 것이다.

영어로 된 문장을 필사하면 표현을 자연스럽게 배울 수 있는 길이다. 영어 필사를 지속하면 내 안의 영어 창고에 다채롭고도 질 좋은 표현을 많이 쌓아 둘 수 있다. 문장구조를 익히는 데도 필사는 매우 효과적이다. 작문과 문법 실력이 좋아질 수밖에 없으며, 회화를 할 때도 입에서 정확한 표현이 나온다. 영어를 필사할 때 명언을 활용하면 글이 주는 메세지의 깊이를 더욱 새길 수 있다고 한다.

"위대한 일을 하기 위한 유일한 방법은 당신이 하는 일을 사랑하는 것입니다."

The only way to do great work is to love what you do. – Steve Jobs

"당신이 그것을 아직 발견하지 못했다며, 계속 찾으세요. 그리고 안주하지 마세요. 마음에 대한 모든 일들이 그렇듯, 그것을 발견했을 때 당신은 알게 됩니다."

If you haven't found it yet, Keep looking, and don't settle. As with all matter of the heart, You'll know when you find it. – Steve jobs

2011년 췌장암으로 세상을 떠난 애플의 창업자 스티브 잡스의 스탠포드대학 연설에서 언급된 내용이다. 생전에 자신의 일을 사랑했음을 엿볼 수 있는 연설이다. 문장 속에서 일상 속에서 자주 사용하는 문법을 사용하고 있음을 알 수 있다. 영어 연설 중 유명한 말을 남겼다.

"항상 갈망하라, 항상 우직하게"

Stay hungry, Stay foollish

"한 가지만 더"

"one more thing"

프레젠테이션의 귀재, 경영의 귀재로 유명하다. 스티브 잡스는 잘할 수 있는 분야를 선정해 직접 몸으로 뛰어라. 간단하고 단순하게 일하며, 항상 새로운 것에 주의를 기울이도 포기하지 말라는 명언들을 남겼다.

〈Positive Affirmation—긍정 확언〉

I trust that I am on the right path. I give up the habit to criticize myself. I adopt the mindset to praise myself. My fears of tomorrow are simply melting away. I am becoming closer to my true self every day.

(나는 내가 옳은 길을 가고 있다고 믿는다. 나는 나 자신을 비난하는 습관을 버린다. 나는 나 자신을 칭찬하기 위해 마음을 취한다. 내일에 대한 두려움은 그냥 사라져가고 있다. 나는 매일 나의 본모습에 가까워지고 있다.)

영어 필사의 효과적인 부분은 짧은 시간 자투리 시간들을 활용하기 좋다는 것이다. 문장의 축적을 통해서 다양한 표현들을 익힐 수 있다. 영어 필사를 생각의 폭을 넓히는 도구로 활용할 수 있다. 영어필사를 통해서 영작을 차근차근 해 나가면 영어에 대한 자신감을 높일 수 있다. 영어 필사와 함께 영작을 할 때 필요한 유용한 팁으로 좀 더 구체적이고 짜임새 있는 영작을 해 보기바란다.

〈영작 Tip〉

(1) 긴 단어보다 짧은 단어를 사용한다.

(2) 친숙한 단어를 사용한다.

(3)추상적이고 모호한 단어보다 구체적인 단어를 사용한다.

(4)꼭 필요한 단어만 사용한다.

(5)가능한 한 능동태를 사용한다

영어학습을 해나가다가 의지가 약해지고 목표에서 멀어질 때는 '루이스헤이의 치유 수업', 나를 위로해주는 마법의 긍정 확언, '생각이 현실을 만든다' 정서적 안정과 행복, 성공을 가져오는 긍정 확언의 필사는 놀라운 변화를 가져다준다. 필사를 통한 영어학습 방법은 잠재의식 속에 있는 생각들이 현실인 것처럼 인지하고 작동하게 된다. 잠재의식은 감정들을 생성하고 경험, 행동, 결과들을 만들어내는 집약체이다.

coffee and cookies

▶ I'm behind in my work.

일이 많이 밀렸어요.

▶ He's away from his desk at the moment.

그는 잠시 자리를 비웠어요.

▶ The company is in the red.

그 회사는 적자죠.

▶ I lost my shirt from stock investment.

주식투자하다 왕창 잃었어요.

▶ Sometimes I drive, but I generally go by subway.

가끔 운전을 하는데 주로 지하철을 타.

8

당신의 뇌 회로를
프로그램화하라

The two enemies of human happiness are pain and boredom.
사람의 행복에 두 가지 적은 고통과 지루함이다.

– Arthur Schopenhauer –

오감을 활용하여 영어 뇌 회로를 온몸으로 체화하라. 나는 미국 펜실베니아대와 대구카톨릭 특수대학원 공동프로그램, 테솔과정을 이수했다. 영어교수법을 비롯해서 영어의 모든 프로젝트의 과정들을 매주 영어로 준비하고 발표하고 시험을 봐서 통과해만 했다.

강제적인 시험이나 프로젝트의 완성이 필요한 시간이었지만, 영어 실력은 그럴 때 더 많이 향상되었던 것 같다. 체계적인 시간의 이수는 목표를 향한 전력 질주를 요구한다.

영어의 뇌 회로를 작동하기 위해서는 학습자가 이동하는 거리마다 본인만의 학습공간을 정한다. 눈에 띄도록, 언제든지 영어학습의 상황을 구동할 수 있도록 하는 것에 초점을 맞추고 집중해야 한다. 학습자의 오감과 모든 영역의 몸과 정신을 활용하여 최상의 상태를 오래 유지할수록 학습의 효과는 높아진다. 직장에서는 점심시간을 이용하고 가정에서는 영어뉴스, 오디오, 동영상, 영어 콘텐츠 이용 등등 영어를 위한 공간 활용을 잘하면 얼마든지 단시간에 원하는 목표를 달성할 수 있을 것이다.

최근에는 공명과 자기장을 이용하여 온몸으로 파동을 보내어 질병을 치료하는 양자물리학을 이용한 건강치료법을 자주 접하게 된다. 뇌파훈련으로 자기조절 능력이 약하고 집중지속시간이 짧고 영어 맞춤법의 기본적인 오류가 발생하는 학습자를 위해서 뇌파훈련에 관심을 갖는 사례들을 볼 수 있다. 비즈니스나 업무에 필요한 생존의 영어학습이 동기라면 더더욱 당신의 뇌를 프로그램화시켜라.

영어는 시각과 청각 등 오감을 통해 기억하고 체화할 때 더욱 빠른 방법으로 체득할 수 있다.

coffee and cookies

▶ Let me know right away if anyone calls.

전화 오면 바로 알려주세요.

▶ Please tell them to call me on my call.

핸드폰으로 전화하라고 하세요.

▶ Please tell her to call back in three hours.

그녀에게 3시간 후에 전화하라고 해 주세요.

▶ The number is correct, but no Richard.

전화번호는 맞는데 리차드라는 사람은 여기 없어요.

▶ Nobody is here by that name.

그런 이름을 가진 분은 안 계시는데요.

CHAPTER 4

영어 울렁증!
영어가 힘들었던 이유를
깨부숴라!

1

심리적 두려움과 실수에 대한
압박감을 버려라

True knowledge exists in knowing that you know nothing.
진정한 지식은 당신이 아무것도 모른다는 것을 아는 데 있다.

– Socrates –

한국에서 제2언어로서의 영어가 어렵고 힘들었던 이유는 필요 이상의 문법 위주의 학습과 심리적인 두려움과 실수에 대한 압박감이다.

『영어 천재가 된 홍대리』의 박정원 저자는 영어는 공부가 아니라 훈련이며 영어는 책상에 앉아 단순 암기를 하거나 이론적 전개를 하는 시험 과목이 아니라 일종의 운동과 같이 '트레이닝'해야 변화할 수 있는 언어라고 말한다. "홍대리는 해외 수출업무를 하면서도 늘상 영어에 자신 없어 하고, 주어진 일은 성실하게 해내지만, 결코 먼저 적극적으로 나서서 일을 한다거나 새로운 일에 도전하고 싶은 생각이 없는 소극적이고 소심한, 직장인이다. 홍대리와 같은 인물은 우리 주변에서 흔히 볼 수 있는 직장인이다.

홍대리라는 평범한 인물이 6개월이라는 짧은 시간 안에 영어로 의사소통을 해야만 살아남는 상황에 처하게 되면서 홍대리는 박 코치라는 멘토를 만나게 되고 영어 훈련을 하게 된다. 홍대리는 훈련을 하는 과정에서도 "내가 할 수 있을까?" "과연 영어공부하면 말문이 트일까? 이런 고민과 갈등을 할 겨를도 없이 생존을 위해 미션을 수행해가면서 서서히 변화되어가는 경험을 한다.

홍대리는 영어로 된 연설문을 듣고, 따라 하고, 그냥 흘려 듣기만 하던 팝송도 가사를 음미하면서 듣게 된다. 슬럼프를 극복하는 방법과 외국인과 대화를 하면서 외국인 앞에서 항상 위축되었던 자신감을 회복하고, 평생 시달리던 영어 울렁증을 극복해가는 과정에서 뚜렷한 목표를 가지고 영어 훈련법에 도전하게 된다. 결국 영어를 정복한 홍대리의 이야기를 통해서 영어를 학습하는 데 도움을 얻고 더 큰 꿈을 꾸고, 목표를 실현해 나가는 방법들을 보여 준다."

운동이든지, 영어든지, 목표를 설정하고 계획하여 기본적인 체력을 기르고, 꾸준히 방향설정을 해나간다면 임계점에 도달하는 훈련의 시간 속에서 언어 근육 형성되고 자신감 회복으로 목표에 능숙하게 도달하게 될 것이다.

영어를 잘하기 위해서는 적극적인 자신감이 중요하다

'외국인이 학교에 찾아오면 영어 선생이 제일 먼저 숨는다'는 말이 있다. 정말 영어선생님이 영어를 몰라서 숨을까? 영어를 전공한다는 것은 대학의 커리큘럼상 읽기, 듣기, 쓰기, 말하기뿐만 아니라 영어의 전반석인 부분을 배우고 학습하는 것을 말한다. 오히려 그래서 더 잘해야 한다는 강박관념에 사로잡혀 있을 수 있다. 완벽한 언어 구사능력이 아니면 입을 열기 두려운 영역일 것이다. 오히려 영어에 자신감을 갖게 하는 것은 적극적인 성격이나 태도이다. 외국어를 배우기 위해서 외국인이 있는 곳에 찾아가서 부딪히는 편이 훨씬 영어를 빨리 배우는 지름길이다. 외국인을 만나서 본인이 배운 영어를 직접 사용하고 작은 즐거움이나 기쁨의 성취감을 경험하는 것이 중요하다.

영어에 대한 두려움을 겪는 이유 중 영어의 발음을 자신 있게 하지 못해서 자신이 하고 있는 영어가 맞는지 틀린지를 몰라서 두렵거나 자신 있는 언어구사가 되지 않는다는 이야기를 많이 들었다. 그래서 그러한 부분들을 보완해주며 해결해줄 수 있는 부분들이 정확한 문장을 청취하고, 필사하고 섀도잉(Shadowing, 듣고 따라 말하다)해보는 과정에서 본인들의 문제점과 해결할 부분들을 찾아서 강화해나가는 훈련이 필요하다.

영어 정복의 열쇠는 잠재의식의 변화이다. 해결방법은 본인의 영어학습에 대한 기초 체력과 기초 근육인 기본기를 탄탄히 다지고 작은 시도를 자주하여 극복해나가야 한다.

그리고 무엇보다도 중요한 것은 자기 자신을 믿어야 한다. 내면 깊숙한 곳에서 스멀스멀 올라오는 두려움에서 빠져나와야 한다.

나의 경우는 영어보다도 더 두려운 것이 운전을 할 때 가끔씩 찾아오는 공포증이나 폐쇄공포증이다. 갱년기 이후의 심리적 증상으로 한때는 교각이나 난간이 있는 강을 지나거나 바다 위를 운전해서 지나갈 때는 갑자기 두려움이 찾아올 때가 있다.

갑자기 두렵거나 무서울 때는 최대한 자세를 낮추고 교각이라는 생각이 들지 않도록 하기 위해서 양쪽의 물을 보지 않는 방법이다. 일종의 가끔씩 찾아오는 공포증인 듯하다. 건강이나 컨디션이 좋지 않을 경우에 가끔씩 발생하는 일이다.

운전할 때 찾아오는 터널 공포증도 있다. 터널이 갑자기 좁아지고 낮아진다는 생각이 든다. 쌍 깜박이를 켜고 속도를 급격히 줄인다. 무서울 때는 1분에서 3분 정도의 터널의 시간이 10분처럼 느껴진다. 특히 천둥번개가 치거나 폭우가 내리는 날에는 두려움과 울렁증이 너 커진다. 고속도로의 큰 차들의 과속이나 속도감에 공포를 느꼈던 경우도 그런 이유 때문인 것 같다.

해결 방법이 무엇인지, 발생 원인이 무엇인지 생각해보았다.

30여 년의 운전 경험 중에 나에게 운전의 두려움과 울렁증은 언제 찾아왔는가? 나의 기초체력이 급격히 떨어지고 몸에는 면역이 떨어진 이후의 상황이라는 것을 알 수 있었다. 대상포진이 찾아오고 갑상선 기능 항진증과 저하증이 번갈아 찾아올 때의 상황이었다. 그래서 내가 갱년기 이후에 정신적 육체적 변화가 찾아온 것이었다.

대학의 강의를 줄이고 영어 학원을 병행했던 이유 중의 하나이다. 고속도로 운전을 하지 않으니 정신적, 육체적 안정감이 찾아왔다.

과중한 업무와 과다한 양의 일처리를 해내야 하는 상황들 때문에 대학 강의와 영어 학원을 운영하던 10년 정도를 파트타임의 가사 도우미께 집안일들을 맡겨놓고 일을 했다. 그래도 고유의 업무는 고스란히 본인의 몫으로 남아 있었다. 전문적인 직업을 가지고 일을 하면서 양가의 도움을 받는 사람들이 축복처럼 여겨질 때도 있었다. 시간과의 싸움에서 민감해질 수밖에 없는 직업상의 일들이다. 어느 한 가지도 소홀히 할 수 없는 일들이 켜켜이 쌓여 있는 현실이다. 때로는 이것이 자녀를 둔 결혼한 여성의 비애인가 하는 생각을 가끔씩 할 때도 있었다. 아무리 현실이 벅차고 힘들어도 멈출 수 없는 것은 그 일들을 아무도 강요하지 않았다는 것이다. 내가 원해서 한 일이니 아무리 힘든 일이 찾아와도 견딜 수 있는 힘은 잠재의식 속에서 찾아오는 내면의 만족감이다.

한때는 아이를 출산하고 몸을 쉬어보기도 하고 일을 줄여보기도 했다. 그런데 원하는 일을 하지 못하고 있는 그 시간에 현실과 이상에 대한 괴리감으로 인해 잠이 오지 않는 불면증에 시달려 보기도 했다. 그래서 시작한 일이니 힘들어도 멈출 수 없었다. 건강을 회복하고 난 이후의 상황들은 많이 호전되었고 운전의 난간과 교각의 공포증이나 터널 폐쇄공포증은 점점 사라져 지금은 특별히 건강이 좋지 않은 날을 제외하고는 모든 상황들이 좋아졌다.

이제는 무리하는 상황들이 오면 쉰다거나 잠을 잔다거나 두통이 오면 미지근한 물에 소금을 타서 마신다거나 따뜻한 차 한 잔의 여유를 즐기며 몸과 마음의 소리에 귀 기울이고 컨디션을 미리 소설하는 자가 면역에 대한 치료도 잘해나간다.

영어공부 어차피 해야 하는 상황이라면 최적의 상황으로 자신의 주변 정리를 하고 자신에게 가장 편하고 즐거움을 줄 수 있는 마음 편한 영어공부 방법이나 콘텐츠와 환경을 찾아서 포기하지 말고 과도기를 잘 넘기기를 바란다.

산의 정상에 오르기 전에 자신이 먼저 정상 정복을 포기하지 말아야 한다. 정상에 오르면 더 넓고 광활한 세상이 정복자의 눈앞에 펼쳐지는 광경을 마음으로 상상하고 그리면서 웃는 날을 기억하며 전진해 나가야 한다. '피할 수 없으면 즐겨라'는 말처럼!

coffee and cookies

SMART 한 목표 세우기

S ⇒ Specific :구체적이여야 한다

M ⇒ Measureable :측정가능해야 한다

A ⇒ Action-Oriented :무엇을 어떻게 할 것인가 초점을 맞춘다

R ⇒ Realistic :목표의 현실성을 고려해 본다

T ⇒ Timely :한시적이여야 한다

2

영어 어순과 구조를
잘 파악하라

Life is the art of drawing without an eraser.
삶은 지우개 없이 그림을 그리는 예술이다.

– John W. Gardner –

영어는 건물을 건축하는 것과 유사하다. 영어의 본질과 구조 원리를 이해하는 것이 중요하다. 기본적 문법으로 영어는 한국어의 단어 배열 순서를 다르게 해주는 어순과는 달리 영어의 어순은 〈주어–동사(술부)–목적어〉로 구성된다. 이외에도 영어의 주요 특징으로 동사의 관용어구인 동사 하나로 여러 표현을 만들어 주는 〈구절동사〉, 동사를 도와주는 〈조동사〉 등 동사마다 요구사항이 다르게 표현된다는 것이 있다.

동사에는 〈자동사〉와 〈타동사〉, 명사에 붙여 위치를 정해주는 〈관사〉, 명사의 수를 셀 수 있고 없고를 나누는 〈가산명사〉와 〈불가산 명사〉, 질문이나, 의문문을 만들 때 사용하는 〈의문사〉, 단어의 역할을 바꾸고 스스로 행동하는 방식, 당한 일을 표현하는 방식의 〈능동태 구문〉, 〈수동태 구문〉, 말을 부드럽게 해주는 담화에서 사용하는 상투적인 〈담화표지〉 등이 있다.

박정원 저자의 『박코치 기적의 영어 스피킹』에서는 영어는 암기가 아니라 훈련이라고 말한다. '어순체화 훈련'과 '단어 내뱉기 훈련'이다. 영어를 듣고 말하기 위해서는 반드시 '훈련'이 필요하다. 언어학적으로 한국어와 영어의 다른 점, 한국인의 영어학습 성향을 분석하여 한국인이 더 쉽게 영어를 배울 수 있는 방법으로 영어 어순체화 훈련을 꼽는다.

영어의 문법이나 규칙들을 쉽고 빠르게 개념화시킨다
– 영어는 자동차 운전과 유사하다

영어가 어려웠던 이유는 기본이 되지 않은 상태에서 계속 진도를 나가기 때문이다. 기본적인 문법이나 개념을 파악하는 것이 영어를 쉽게 배우는 방법이다. 최소주의이론이라는 경제이론이 있다. 그 이론은 경제성의 원리에서 많이 거론된다. 영어에서도 최소주의이론의 과목을 공부한다.

특히 영어에서는 최소한의 문법이나 규칙으로 최대한의 무궁무진한 문장들을 확장해 나갈 수 있는 이론이다.

영어를 향한 잠재의식을 깨우고 용광로에서 빠져나오라

한국에서 영어는 ESL (English as a Second Language) 상황이다. 영어의 명칭 English 의 어원은, 앵글족이 사용하던 고대 언어 '앵글리쉬'로부터 유래되었다.

영어는 인도유럽어족 중 게르만어파(Germanic) 계열로 분류된다. 같은 어파의 언어 중에는 대표적으로 독일어가 있으며, 그 외에도 노르웨이어, 네덜란드어, 덴마크어, 스웨덴어, 프리지아어 등이 영어와 형제 관계에 있는 언어들이다. 영어 어휘 중 라틴어에서 온 단어가 많다 보니 로

망스어군에 속한다고 생각하는 사람들이 은근히 있지만, 영어는 어디까지나 게르만어파에 속한다. 한국어가 중국어에서 유래한 단어를 많이 받아들였음에도 중국 티베트어족에 포함되지 않는 것과 마찬가지다.

현재 쓰이는 영국식 영어는 로마 제국의 멸망 이후 대륙에서 바다를 건너 브리튼 섬을 침공, 대부분을 점거한 앵글로색슨족의 언어가 오랜 시기 동안 변화되어 만들어진 것이다. 앵글어와 색슨어 중에는 지역차가 있지만 전체적으로는 앵글어에 가깝다. 영어로는 영어를 English, 더 엄밀히는 English language라 한다.

내가 대학원에 입학했을 때의 일이다. 대학의 학부에서 영어영문학이 전공이 아니라 선수과목들을 이수해야만 했다. 영어발달사의 수업을 이수하게 되었는데 앵글로색슨 사전 한 권을 가지고 앵글로색슨 과제의 책을 한국말로 번역해오라는 것이었다. 앵글로색슨 언어는 영어 이전의 단계에서 생성되었던 언어라 앵글로색슨 언어를 영어로 번역을 해야 한국말로 번역을 할 수 있었다. 깨알처럼 부지런히 번역을 해야 도달할 수 있는 작업을 일주일 내내 해서 과제를 제출한 적이 있다. 지금 생각하면 영어를 그대로 학습하는 일은 그에 비해 아주 수월한 일임에도 해야 할 일이 많은 것은 사실이다. 언어를 정복해나가는 것은 부지런하고 성실한 실행만이 도달할 수 있는 일임에는 틀림이 없다.

현재는 세계 여러 나라에서 사용되어 세계어(world language)의 구실을 하고 있으며 막강한 힘으로 전 세계를 휩쓸고 있다. 영어는 오랜 발전 과정을 밟아 오면서 영국 국민과 호흡을 같이하며 역사상에 나타난 여러 난관을 극복하고 끈질긴 인내력과 잠재력을 발휘하여, 오늘과 같은 표출력이 풍부한 언어로 등장하였다.

영어의 사용자는 대략 20억 명, 즉 세계인구의 3분의 1가량으로 추산되며, 전 세계적으로 다양한 영역에서 공용어의 위상을 갖고 있다.

coffee and cookies

▶ Let's make a deal.

협상합시다.

▶ We ought to obey the rule.

우리는 규칙을 따라야 한다.

▶ Will he accept my proposal?

그가 제 제안을 받아들일까요?

▶ I had butterflies in my stomach at the interview.

저는 인터뷰할 때 가슴이 두근거렸어요.

▶ He could not make so much profit from the business.

그는 그 사업에서 그다지 큰 이익을 얻지 못했다.

3

초시계를 재면서 무한반복
녹음해서 들어보라

You must do the things you think you cannot do.
당신이 할 수 없다고 생각하는 것들을 해야 한다.

— Eleanor Roosevelt —

정확한 문장을 반복적으로 녹음해서 듣고 훈련해보라

영어 명언들을 녹음한다. 매일 10문장씩 녹음해서 올린다. 영어카페,
영어 블로그, 영어밴드에 올려보라.

매일매일 자신의 목소리를 녹음하고 억양이나 발음을 체크해서 본인

의 실력이 향상되고 발전해 나가는 모습을 꾸준히 반복적으로 점검해 나가야 한다.

내가 평소에 존경하는 직업군이 있는데 하나는 운동선수이고 두 번째는 영업을 하는 직업군이다. 그중에서도 가장 존경스런 분야가 운동선수이고 각종 올림픽이나 세계선수권대회에서 금메달을 획득하고 신기록들을 경신하는 것이다. 운동선수들은 오랜 시간 자기와의 싸움에서 이겨내야 한다. 무한히 자기 자신을 자극하고 채찍질하고 고통 속에서도 참아내야 하는 인내심을 길러야 한다.

누군가를 선망의 대상으로 삼는다는 것은 본인이 노력해봤지만 어렵고 마음먹은 대로 쉽게 되지 않기 때문에 그 부분을 높이 평가하는 것이다. 그 반대로 또 그 분야의 사람들에게 물어보면 영어가 운동이나 영업보다 더 어렵다고 말할 수도 있다.

어느 분야이든지 첫걸음과 초보의 시점이 있었고 기초를 훈련하는 시간의 반복이 필요했을 것이다. 영업을 잘하는 사람들은 '그것이 제일 쉬웠어요.'라고 말하기까지 수많은 곳에서 거절과 냉대를 받으면서도 그 시간들을 견디고 연구하고 노력하여 그 분야에 달인이 되었을 것이다. 그리고 그 분야에 달인이 되기까지 끊임없는 좌절과 절망과 노력과 시간과 돈과 멸시와 도전속에서 이룬 성과일 것이다. 운동선수는 1초를 다투고 1등을 위하여 수많은 땀과 피와 눈물과 고뇌 속에서도 오로지 선택과 집중이 있었기에 1등을 하고 금메달을 획득하고 월계관을 쓴다.

영어를 잘하고 싶을 때 나는 본인에게 자주 반문하는 말이 있다. 운동선수처럼 피눈물을 흘리며 피나는 노력을 과연 해봤는가? 과연 운동선수들만큼 훈련하고 기초 체력을 기르고 단련시키고 혹독한 시간을 영어에 투자해봤는가를 묻는다. 그러면 언제든지 운동선수가 노력하는 만큼 반복해서 영어를 그렇게 해보았다고 자신 있게 말할 수 없다.

빙판의 여왕인 김연아 선수처럼 춥고 싸늘한 빙판에서 수천만 번 솟아오르고 빙판에 처절하게 쓰려져가면서도 굳건히 성공시킨 난이도 높은 트리플 악셀 동작처럼 유창한 영어를 구사하도록 본인을 혹독하게 훈련시킴을 반복해나가야 할 것이다.

나의 영어를 향한 집념으로 끊임없는 질문과 대답 속에서 영어를 배워

왔다. 그 배움의 집념으로 수년 동안 영어를 가르치는 일을 직업으로 몸으로 체험해왔다. 능숙한 언어 구사를 하기 위한 방법으로 어휘를 많이 암기해두는 것이 관건이다. 어휘를 외우기 힘들 때는 연상기억법으로 외우면 훨씬 쉬워질 것이다. 내가 영어를 접하기 전 연상기억법을 공부한 적이 있었다.

『뇌학습 주남기억법』의 저자 손주남의 공간 위치 결합법으로 집중력 향상을 위한 훈련법으로 공부했다.어휘나 문장을 오래 기억할 수 있는 이미지를 연상하며 기억하는 방법이다. 누구나 학습을 할 때 단어나, 어휘의 뜻을 기억하기가 쉽지 않을 것이다. 장기간 대량의 학습분량으로 고민스러울 때는 쉽고 간편한 방법을 모색해보기를 권한다. 공간 위치의 방법으로 이미지 연상 기억법을 활용해도 많은 도움이 될 것이다.

▶ This is my day off.

오늘은 나 쉬는 날이야.

▶ Who's in charge around here?

여기 담당자가 누구예요?

▶ I have the final word in this matter.

제가 이 문제에 결정권을 가지고 있어요.

▶ I'm busy now. My hands are full.

난 지금 바빠. 일이 너무 많아.

▶ The job market is pretty bad right now.

취업 시장이 요즘 불경기죠.

4

심리적 인지능력을
끌어올려야 한다

Mistakes are always forgivable, if one has the courage to admit them.
실수는 언제나 용서할 수 있다. 그가 실수를 인정할 용기를 갖고 있다면.

– Bruce Lee –

영어소통은 수영과 유사하다. 나의 영어학습의 과정들을 살펴보면 외국인을 만나러 주말마다 현장에서 부딪히고 좌절을 맛보고 또 새로운 각오로 증진하고 시도하는 일들을 끊임 없이 반복해서 이루어낸 현장학습이다. 생존을 위한 야생학습이 더 어울릴 것이다. 외국인들을 만나서 지불해야 하는 돈과 대가는 한국인을 만나는 것보다 훨씬 비쌌다. 수업료를 더 많이 지불해야 하는 개인별 맞춤 학습을 진행했다. 한국과 다른 문화적 차이를 극복해나가는 것은 외국인의 시간을 돈으로 사는 것에서부터 출발되었다. 한국인이라면 시간을 내어 만나고 공동의 주제로 이야기를 풀어나가며 식사를 하거나 차를 마시는 정도의 비용을 지불할 정도다. 특별히 컨설팅을 의뢰하여 해결해야 하는 문제나 일처럼 외국인의 시간에 대한 보답이나 보상을 해야 했었다.

지금처럼 언어학습의 콘텐츠나 학습의 도구들이 많지 않은 시절에 의지할 곳은 주로 외국인이 상주하는 학원이었다. 거기에 가야 외국인과 충분한 대화를 할 수 있었다. 그래서 나는 외국인 강사의 시간을 나의 의도에 맞는 상황별 언어 학습으로 많이 이용하고 활용했던 것 같다.

'영어의 모든 부분을 통틀어 가장 중요한 부분이 무엇이냐'라고 나에게 묻는다면 의외로 나는 '영어를 완전 정복하고 싶으면 심리적 인지능력을 끌어올려라'고 말할 것이다. 더불어 심리적 인지력의 향상과 함께 의식의 성장을 강조할 것이다. 왜냐하면, 어떤 일을 10년, 20년 꾸준히 열정을 가지고 도전하면서 좌절하고 포기하지 않게 하기 위해서는 본인의 심리적인 인지능력을 끌어올리고 몸의 체온을 유지해 나가듯이 항상성을 유지해 나가야 한다. 영어가 우수한 재능으로 다 해결된다면 서울대 나온 사람이 제일 영어를 잘해야 할 것이다. 하지만 현실은 그렇지 않다. 영어는 영어를 가장 많이 사용하고 활용한 사람, 입으로 말을 가장 많이 해본 사람이 잘하게 된다. 영어든지 어떤 언어의 학습이든지 배경지식이 많을 때 풍부한 언어를 구사할 수 있는 것은 자명한 일이다.

친구의 한 사례이다. 서울대학교 의과대학 학부, 대학원 석사, 박사학 위를 받고 현재 서울대학교에서 의대 교수로 학생을 가르치고 병원의 의 사인 친구가 몇 년 전에 미국에 교환교수로 2년 정도 다녀온 적이 있었는 데 '영어가 어렵다'는 말을 했다. 영어로 된 원서나 논문을 해석하고 분석 하는 능력은 탁월할 것이다. 그런데 '영어를 어떻게 하면 잘하느냐'는 질 문의 대답을 나는 알고 있다. 그 친구가 왜 어려워하는지!

답은 하나이다. 한국말도 많이 하지 않는 사람이 영어라고 하루 종일 이야기하기 쉽지 않다. 영어는 의사소통의 도구이자 상대와 해야 하는 '말'이다. 입을 열어야 한다는 뜻이다. 영어를 하기 위해서 입을 열어 말 을 하는 시간이 얼마나 되는지 묻고 싶었다. 그러면 답이 나올 것이다. 머리 속에 내재되어 있는 우수한 토익, 토플 성적, 영어 원서를 읽고 분석하는 전문 분야는 전공자가 제일 잘할 것이다.

영어의 토익 성적이나 토플 성적이 높고 많은 스펙의 보유자임에도 불구하고 의외로 말하기나 스피치, 연설에 두려움을 느끼는 분들을 많이 봐왔다. 존경받는 사회적 위치나 직장의 지위에도 불구하고 운동신경처럼 더 많은 근육을 움직이고 내재된 인풋(Input)의 시간보다는 아웃풋(Input)의 연습이나 훈련의 시간들을 더 늘려 나가는 시간이 충분할 때 비로소 소통의 문제들이 해소되고 자연스럽고 원하는 소기의 목적을 달성할 수 있는 도구로서의 영어가 될 것이다.

사람들은 나에게 '영어를 어떻게 하면 잘할 수 있는가'를 가장 많이 물어 왔다. 대한민국에서 제2언어로서의 영어를 학습하는 시간은 의외로 많다.

영어회화나 의사소통의 도구로서 영어는 일정 이상의 한국의 영어교육을 받은 사람이라면 잘할 수 있는 자신감이 생기고 기본기를 활용하면 잘할 수 있을 것이다.

우리나라의 중고등학교 이상의 영어를 학습한 사람이면 할 수 있는 정도의 실질적인 언어로서의 영어 구사 능력 말이다. 심리적 인지능력을 높이면 생각보다 더 빠른 시간에 학습자가 생각한 것 이상으로 언어를 잘 구사할 것이다.

영어가 잘 들리게 하기 위해서는 네이티브(Native, 원어민)들이 사용하는 문장들의 의미와 뉘앙스를 정확히 파악하고 입에 붙도록 연습하는 방법이 최고이다.

coffee and cookies

▶ Do you have any special skills?

특별한 기술을 가지고 계신가요?

▶ What's your educational background?

학력이 어떻게 되죠?

▶ How did you perform at school?

학교 때 성적은 어땠나요?

▶ What was your college thesis about?

졸업 논문은 무엇에 관한 것이었나요?

▶ What were your reasons for taking a year off?

1년 휴학을 하신 이유는 뭔가요?

5

당신 안의 영어 지식을
스토리텔링하라

Without a struggle, there can be no progress.
분투 없이는 진척도 있을 수 없다.

− Frederick Douglass −

제2외국어로서의 영어를 즐기기까지 처음에는 흥미로운 내용이나 관심사로 접근하는 것이 좋다. 본인이 원하는 멘토나 롤 모델을 섭해서 꿈과 목표를 향한 책이나 영상을 보고 따라하다 보면 흥미가 생긴다.

즐거우면 오래 하게 된다. 외국의 멋진 사람들과 사귀고 있고 만나고 있다는 기분 좋은 상상의 현장으로 자신을 몰입하고 최면을 걸어보라.

부자가 되고 싶은 사람은 백만장자, 억만장자의 꿈을 꾸어보라. 상상의 날개를 펴고 재미나는 일들을 상상해보라! 만들어보라! 참가해보라! 만나보라!

그 대표적인 사례가 K-POP일 것이다. 나의 어린 시절도 항상 연예인들이나 유명한 가수에 대한 로망과 동경, 환상이 있었다. 나는 책으로 그들을 만났기 때문에 비용이 많이 들지 않은 경우다. 책에서 외국의 유명인들과 만난다는 기분에 영어학습의 즐거움을 느낄 수 있었다. 나만의 즐거움으로 빠져들 수 있었고 집중하고 몰입하여 보고, 배우며 학습했던 것이 지금에도 나의 직업과 연관된 일에도 적용된다.

그래서 나에게는 영어가 친구 같은 존재라 말할 수 있다.

다음은 눈물의 여왕 칼리피오리나 휴렛팩커드 전 회장의 최근 인터뷰 내용이다.

"Leadership comes in small acts as well as bold strokes.

The good is to transform date into information and information into insight.

Do not be afraid to make decisions, do not be afraid to make mistakes.

Leadership comes in small acts as well as bold strokers.

The lesson I learned at that life marker was, love what you do, or don't do it."

"목표는 명확하다. 데이터를 정보로 바꾸고, 다시 정보를 통찰력을 기르는 데 활용하는 것이다.

결정을 이끌어내는 것을 두려워하지 마라. 실수를 하는 것도 두려워(꺼리지) 마라. 리더십이란 꼭 거창한 것만은 아니다. 대담한 움직임 못지않게 작은 실천은 중요하다. 인생에서 배운 교훈은 한 가지다. 당신이 하는 일을 사랑하라. 하는 일에 즐거움을 느끼지 못한다면 차라리 포기하라."

직장인들은 비즈니스 관련 영어를 스토리텔링해 나가라. 영어를 학습하는 사람의 목적에 맞게 다양한 주제들로 학습하기를 바란다.

『영어책 한 권 외워봤니?』의 저자 김민식은 '독학의 신과 함께하면 된다, 된다 영어가 된다'. '딱 한 권만 넘으면 영어 울렁증이 사라진다'라고 말한다. 저자는 영어가 주는 즐거움 중에서 여행을 꼽는다. 해외여행이 즐거운 가장 큰 이유로 언어의 장벽이 없이 어디를 가든지 영어를 사용할 수 있어 여행의 즐거움과 재미를 느낀다고 한다. 영어를 잘하면 다양한 소재와 스토리의 원서를 읽고 독서를 즐기며 번역의 짭짤한 수입까지 챙길 수 있어서 좋았다고 한다. 그중에서도 가장 좋았던 것은 영어회화 교재를 외우고 확실한 특기 하나가 생기니 자신감이 생겨 예쁜 여자에게 대시를 하게 되고 연애를 하였다는 재미있는 일화가 소개되어 있었다.

어떠한 목표든지 나만의 학습에 대한 동기와 이유를 찾아야 한다. 목표로 이룬 영어가 누구에게는 인생을 바꾸는 삶의 전환점이기도 하고 또 누군가에게는 인생을 바꾸는 출발점이 되기도 한다. 긍정적인 동기부여를 갖는 것이 지치지 않고 영어공부를 계속해 나갈 수 있는 원동력이다.

coffee and cookies

▶ I was about to call you.

막 전화하려던 참입니다.

▶ You called me at the right time.

마침 전화 잘하셨네요.

▶ I was waiting for you to call me.

전화 기다리고 있던 중입니다.

▶ You dialed the wrong department.

부서를 잘못 찾으셨네요.

▶ I have to go now.

이만 끊을께요.

They can because they think they can.

할 수 있다고 생각하기 때문에 할 수 있는 것이다.

CHAPTER 5

결국 영어의 정답은
꾸준함이다

1

재미있는 콘텐츠를 이용해서
꾸준히 하라

The true secret of happiness lies in taking
a genuine interest in all the details of daily life.
행복의 진정한 비밀은 일상생활의 모든 세부 사항에 대해 진정한 관심을 갖는 데 있다.

— William Morris —

영어학습의 툴(tool)들을 제대로 활용하기만 해도 어학 연수를 해외로 가지 않아도 충분히 영어정복의 길이 열린다.

TV, 라디오, 유튜브, 카페, 블로그, 인스타그램, 트위터, 줌방송, 밴드 라이브방송, 페이스북, 넷플릭스, 구글독스 등을 활용하라. 팟캐스트는 인터넷 라디오 방송이다.

▶신문

International Herald Tribune (The New York Times) global.nytimes.
com

▶방송(Broadcast)

CNN www.cnn.com

BBC www.bbc.co.uk

▶신문(Newspaper)

영타임즈 www.youngtimes.co.kr

코리아타임즈 www.koreatimes.co.kr

코리아헤럴드 www.koreaherald.co.kr

중앙데일리 joongangdaily.joins.com

The Times www.timesonline.co.uk

▶잡지(Journal, Magazine)

타임즈 www.time.com

이코노미스트 www.economist.com

뉴스위크 www.newsweek.com

내셔널 지오그라픽 www.nationalgeographic.com

영어학습의 여러 가지 방법 중에서 영어공부 혼자 하기와 영어독해를 잘하기 위해서 영자신문 읽기와 영어뉴스 듣기를 적극 추천한다.

나는 오래전 『자생력 영어학습법』의 저자 김금복 작가로부터 영자신문으로 영어학습을 하는 최고의 방식을 소개받았다. 내가 근무하던 영어학원으로 유명하던 아카데미외국어학원과 미팅을 하고 커리큘럼을 도입하도록 유치하기를 주도한 적이 있었다. 여러 가지 사정으로 성사되지는 않았지만 자생력 영어학습의 프로그램을 개별적으로 전수 받는 경우가 많있다.

코리아헤럴드와 아리랑 뉴스가 연관성으로 영어신문을 쉽게 접하고 다가갈 수 있도록 훈련을 하는 프로그램이다. 저자 김금복은 군에서 통역장교로 근무했다.

영어뉴스로 섀도잉과 영어 딕테이션, 영어필사를 하기가 좋다. 정확한 문장의 구조를 파악할 수 있고 문법들을 문장 속에서 자연스럽게 습득할 수 있다. 초급에서부터 고급의 어휘선택이나 숙어, 이디엄들, 관용표현들을 접할 수 있는 장점이 많다. 최신 영어뉴스를 통해서 지구에서 일어나는 일들을 가장 빠르게 접할 수 있는 좋은 점도 있다.

coffee and cookies

▶ It takes money to make money.

돈을 벌려면 돈이 필요한 법이지.

▶ Let's go fifty-fifty on the expenses.

비용은 반반씩 부담합시다.

▶ Majority rules.

다수결의 원칙에 따르는 거야.

▶ The company has gone out of business.

그 회사 문 닫았어.

▶ You made your bed; you lie on it.

당신이 시작한 일이니 당신이 책임지세요.

2

영어를 도구로 사용하여
삶을 재창조하라

A people that values its privileges above its principles soon loses both.
특권을 원칙보다 아끼는 사람은 그 둘 모두를 잃게 된다.

– Dwight D. Eisenhower –

이미 오래전에 K–엔터테인먼트, K–드라마, K–뷰티에 세계가 열광하기 시작했다. BTS의 K–팝과 영어 등이 주목을 받고 있다.

영어는 목표를 달성하기 위한 도구이며 수단이다. 영어를 배우는 학습자마다 뚜렷한 다른 목표를 가지고 있을 것이다. 어떤 이는 유학을 가기 위해서 높은 토플 점수가 필요할 것이다. 또 어떤 이는 기업에 취직을 하기 위해 토익 점수가 필요한 사람도 있을 것이다.

여행을 위한 영어, 국제비즈니스를 위한 영어, 자기계발을 위한 유창한 영어 실력으로 외국인과 멋진 시간을 보내기 위해서 배우고자 하는 사람, 여러 가지 목표 달성을 위해서 필요한 핵심키는 영어로 대화를 하는 것이다. 목표를 이루기 위한 계획과 실행이 마음을 움직이게 하고 열정과 활력과 흥분된 상황들을 도출해나갈 것이다.

영어공부의 기본은 단어와 문장의 반복이다. 단어와 문장을 기억하는 방법을 터득하라. 큰소리로 읽어라. 영어 받아쓰기를 하라.

영어공부의 90%는 어휘와 문장의 패턴을 암기하는 것이다. 영어로 노래나 게임 등을 하면서 즐겁게 공부하지만 결국 본격적인 영어실력은 영어의 기본이 되는 단어와 문장의 반복 훈련을 스스로 얼마나 습관화시켰느냐에 달렸다. TV는 보통 백해무익하다고 생각하는 사람이 많다. 다큐멘터리나 역사 프로그램 등은 훌륭한 교육 수단이다. 좋은 TV프로그램 중 〈걸어서 세계속으로〉라는 프로그램을 보면 저절로 외국어를 배우고 싶어진다. 멋진 여행을 위한 가장 가벼운 준비물이 영어이다.

영어 신문(Newspaper)은 꼼꼼하게 읽어보라. 이런 습관을 들이면 논리적 사고와 논술 능력이 향상된다. 매일매일 쉬운 것들을 반복하고 반복해서 자기 것으로 만들어져 체화시켰을 때 영어를 정복하고 극복할 수 있다. 단순한 영어도 반복해서 매일매일 반복해서 꾸준히 해야 한다. 기초를 쌓아서 꾸준히 반복하는 것이 핵심이고 답이다.

"영어 가사 비중 높이는 K팝 – 한국조지메이슨대 교양학부 이규탁 교수는 "과거보다 갑자기 좋은 음악을 가지고 나온 것도 아닌데 영어 노래가 1위에 오른 것은 그만큼 미국의 주류 전통 미디어인 라디오가 비영어권, 비서구적 음악에 대해 거부감이 있다는 것을 역설적으로 보여준다."고 했다. 최근 발매한 '핫 100' 안에 순위를 차지하는 곡들 역시 영어 가사 비중이 높다."

  – "영어 싱글 내놓자 美 시장 점령…글로벌 팝으로 확장한 K팝의 미래는?", 〈헤럴드경제〉, 2020. 09. 01.

이 경우도 언어는 글로벌 시장에서 살아남기 위한 음악 장르 속에서 하나의 도구로서의 역할을 해나가고 있다. 영어의 다양한 지식과 소재들을 스토리텔링시키는 것이 중요하다.

김민석의 『나의 영어공부 이력서』는 17인의 영어를 정복한 사람들의 이야기를 풀어놓은 책이다. 이 책은 보통의 학습자들처럼 두려움과 영어의 스트레스를 받으며 평범하게 자신의 목적을 달성해나가는 사람들처럼 고난의 시간을 겪은 사람들의 이야기이다. 영어학습의 목적과 목표는 모두 다양하고 다르다. 하지만 명백한 한 가지는 원어민으로 태어나서 자연스럽게 영어를 구사하는 사람이 아니라면 누구나 영어의 기본기를 익히고 패턴을 파악하고 듣고, 읽고, 쓰고 말하기의 단계를 지나 원하는 목표치를 달성하기 위한 주 무기를 장착해 나가야 한다는 것이다. 이들 17인의 영어학습의 경험담들 중 한 가지 눈여겨 들여다보아야 할 것은 모두 영어를 붙들고 목표에 대한 힘겨운 싸움과 자신과의 싸움에서 승리한 경험담이라는 것이다. 공감이 가는 부분이다.

영어학습을 위한 각자의 간절한 목적과 원하는 목표를 달성하기 위한 과정에서 겪어야 하는 좌절과 시련과 무수히 많은 장애물과 포기하고 싶은 순간들을 부여잡고 산의 정상을 등정하는 사람처럼 소기의 목적을 달성하고 각자가 원하는 위치에서 당당하게 삶을 살아가고 있는 모습이 새롭게 영어학습을 도전하는 사람들에게 동기부여의 메시지가 될 것이다.

영어공부도 본인의 삶을 윤택하게 만들어줄 일종의 투자다. 나의 경우
가 그러하다.

매월 20만 원을 저금하는 사람과 자신의 능력 개발이나 어학을 배우는
곳에 투자를 하는 방법 중 어느 것이 미래를 위해서 좋은가를 생각해 보
고 판단해 보라. 나의 경우 매월 자신에게 배움을 위한 투자를 끊임없이
해왔다. 때론 저금을 하여 종자돈을 만들어 재테크를 잘해 놓았더라면
좀 더 여유 있는 삶을 살 수 있지 않았을까를 가끔씩 생각해보지만 목표
가 있었기 때문에 영어학원에 다녀서 수강료를 지불해야 했다. 외국인이
상주하는 학원이나 아카데미에서 수업을 들어야 장기적인 목적에 가장
잘 부합한다는 생각을 했다. 그래서 수강료가 비싸고 비용이 많이 드는
언어 학습을 선택해서 꾸준히 진행했다. 편입과 대학원을 진학하는 과정
중에 영어는 예나 지금이나 필수과목이다. 지금은 대학원 수업이 영어로
이루어지기 때문에 더더욱 그러하다.

나아가 대입검정고시를 시각화하여 대학원 박사수료까지 끊임없이 공
부하고 배우고 수많은 시험을 치르면서 대학의 강단에서 학생들을 가르

치는 꿈 실현의 날까지 올 수 있었던 것은 꿈을 마음속에 품고 자신과 타협하지 않았기 때문이며 포기하지 않았기 때문이다. 늘 배움의 시간으로 나의 마음은 큰 만족감과 충족감으로 차 있었고 행복한 시간들이었다. 배움에 대한 갈증과 목마름으로 지금까지 배움의 끈을 놓을 수 없다. 앎에 대한 끊임없는 욕구들이 새로운 직업의 재창출로 이어졌다.

실력과 능력만이 나를 살리는 길임을 믿고 확신하고 올곧은 실행을 했기 때문에 꿈을 이룰 수 있었다.

지금까지 영어라는 도구가 나의 삶을 재창조하는 생산적 언어가 되어주었다.

coffee and cookies

▶ It's the survival of the fittest.

적자생존이야.

▶ I made an honest dollar.

난 정직하게 돈을 벌었어.

▶ It doesn't pay.

타산이 안 맞아.

▶ I was falling down on the job.

나는 일을 대강대강 했어.

▶ They agreed to disagree with the project.

그들은 그 프로젝트에 대한 상호 의견 차이를 인정했다.

3

영어가 꿈을 펼치는
디딤돌이 되게 하라

Always do your best . What you plant now you will harvest later.
언제나 최선을 다하라. 당신이 지금 심는 것을 나중에 수확하게 될 것이다.

− Og Mandino −

기회와 도전, 열정의 아이콘이 되어라

예전과는 달리 요즘은 영어 언어학회의 논문 발표가 융합으로 이루어
진다. 영어음성학, 언어병리학, 언어과학, 음향 음성학 등의 학과 간 창
조 융합 언어과학회가 많이 이루어진다.

나의 경우에는 대학원 때 원광대학교의 프로그램 중 원광대학교

SITEC아카데미(싸이텍 아카데미)를 수료한 적이 있었다.

나는 영어영문학을 하기 전의 학부는 임상병리학이다. 임상병리사 국가고시 면허증을 취득한 후 병리검사실에서 일을 했었기 때문에 언제나 언어병리학에 관심이 많았다. 그런데 대학원의 석사, 박사과정의 영어 형태론, 음운론, 음성학 분야와 언어병리학 분야의 학문과 실용적인 학문들이 관심분야였다 .

나아가 대학원 석사과정 중에 방학을 이용하여 참석한 아카데미의 경우이다.

원광대학교 SITEC아카데미(싸이텍 아카데미)는 음성정보기술산업을 위해 운영되는 센터이다.

내가 대학원 석사과정의 언어학을 전공하기에 도움이 되고 논문을 쓰기 위해서 단기과정을 수료하게 되었다. 음성 및 언어 분석기기 활용과 기기나 컴퓨터를 이용한 음성분석의 이론과 실제를 공부했다. 다양한 분야의 공과대학의 공부를 할 수 있는 기회가 되었다. 언어학에서 영어의 실제 음성을 분석하여 놓은 논문을 리딩하고 논문에 적용시키는 유용한

과정이 되었다.

연수과정 중에서는 카이스트 박사들과 대검찰청 중수부에서 온 박사들이 흥미로웠다. 대검찰청 수사과정중 음성변조를 분석하고 수사하는 과정들 때문에 언어학이 필요하다는 것을 알게 되었다. 언어학의 분야는 공대분야의 기계공학과 컴퓨터공학, 의학이 연계되고 필요한 학문의 분야이다. 언어학의 코퍼스를 수집하는 과정에 이용된다. 지금의 인공지능과 데이터베이스를 이용한 정보의 알고리즘을 제공하고 있다.

나는 10여 년의 시간을 영어와 관련된 공부를 하고 공교육과 사교육에서 학생들을 가르쳐 왔다. 하지만 영어는 늘 콘센트에 충전되어 있는 배터리처럼 충전되었을 때는 자신감과 영어에 대한 감을 유지할 수 있다. 오랜 시간 영어에 노출되는 상황이 아니면 외국인을 만나거나 업무를 처리하는 부분에 죄상의 조건들을 유시해 나가기가 쉽지 않을 것이다.

지식은 아무도 훔쳐 갈 수가 없다. 오랜 시간 10년, 20년 한 가지 일을 해오던 익숙하고 안정된 길과 도전의 길을 반복할 때가 있었다. 사업을 하다가 실패를 하면 재고품이 남고, 인테리어 비용, 사업에 투자된 비용의 손실이 많다. 그런데 나에게 사업과 투자와 기회의 비용을 지불해야 하는 시점이 있었다. 아무것도 남지 않고 다 날아가도 건강한 몸과 내재된 지식으로 다시 시작할 수 있었던 때이다. 학습하고 익히고 몸에 체화되어 있는 언어능력이 언제든지 꺼내 사용할 수 있는 무기가 되어준 적이 있었다.

나는 여중 시절 자전거타기를 독학으로 배웠다. 구마고속도로를 건설하고 있을 때 아스팔트를 깔기 직전에 수차례에 걸쳐서 흙으로 도로를 다져나가던 때였다. 친구들이 그 위에서 자전거를 타고 있었다. 그래서 자전거를 타고 싶어서 혼자 배우기로 마음먹고 자전거를 몰고 밖으로 나갔다. 어릴 적 배운 자전거 타기가 어른이 되어서도 예전에 배운 그대로, 학습한 그대로 남아 있다는 것을 알게 되었다. 다리가 짧아서 두 다리를 땅바닥에 둘 수 없었다. 그래서 한쪽은 큰 시멘트 블록을 밟고 다른 한쪽 발은 페달에 올려 균형을 맞추고 오르막길에서 내리막길로 페달을 밟아 내려가면 10m나 20m 굴러가다가 땅바닥에 내동댕이쳐지면서 멈추곤 하는 일을 수천 번 했다. 양쪽 팔에 부상을 입고 붕대로 감은 팔은 피떡이 되어도 또 다시 자전거를 몰고 아무도 보지 않는 곳에서 자전거 타기를 시도했다. 열심히 노력한 끝에 2주 정도 만에 속력을 낼 수 있었고 드디어 운동장으로 자전거를 몰고 가서 혼자서 초등학교의 운동장을 빙글 빙글 돌 수 있었다. 혼자서 해낸 것에 대한 작은 기쁨과 환희를 만끽하고 도전에 대한 보상이 크다는 것을 느낄 수 있게 한 좋은 공부였다. 그런데 더 놀라운 것은 결혼을 하고 성인이 된 이후에 학교 운동장에서 자전거를 탈 기회가 있었는데 그때도 시멘트 블록만큼의 높이의 돌이나, 나무 토막을 밟아서 한쪽 발을 딛고 다른 발은 페달을 밟아야 출발을 할 수 있다는 사실에 소름끼치는 학습의 무서움을 깨달은 경험을 했다.

언어의 경우도 좋은 책으로, 좋은 구절들을 익히고 명언들을 반복해서 학습하고 좋은 문장들을 외우고 익히고 체화시켜 놓으면 언제 어느 때든지 필요할 경우 입에서 무의식 중에 좋은 영어의 구절들이 술술 나올 것으로 믿는다.

목표를 달성했을 때의 기쁨과 만족감을 체험해보고 영어학습의 과정을 즐겨야 진정한 목표에 도달하는 것이다.

coffee and cookies

▶ Can you make it short?

간단히 말씀해 주세요

▶ It'll take a little while.

길어질 것 같아요.

▶ I'm almost done.

곧 끝낼게요.

▶ I am not available at the moment.

지금 통화하기 어렵습니다.

▶ Please take messages for me while I'm gone.

제가 없는 동안 메모해 주세요.

4

언어의 직관 능력을
최대한 활용하라

We must learn to live together as brother as fools.
우리는 형제처럼 함께 사는 법을 배워야 한다.
아니면, 우리 바보처럼 다 같이 죽게 될 것이다.

– Martin Luther King, Jr –

아이가 태어나서 엄마라는 단어를 몇 번 해야 그리고 얼마나 귀로 들어야 그 한마디를 할 수 있을까?

지금은 걸그룹의 멤버로 활동하고 있는 나의 딸의 사례이다. 오래 전의 일이다. 나의 지인이 영어유치원 선생님으로 근무하는 학원에 아이를 1년 동안 보내게 되었다. 그때의 아이는 5세 정도의 나이었다. 매일매일 영어유치원에서 배운 내용의 과학 수업을 집에 와서 이야기하는 것이었다. 신기하기도 했고, 궁금하기도 했다. 많은 부분 증명할 수 없는 일들을 체험했다. 어떻게 외국인 선생님의 이야기를 알아듣고 매일매일 영어유치원에서의 일들을 이야기할 수가 있을까? 분명한 것은 어른들보다는 습득력이 좋다는 것을 느낄 수 있었다. 언어의 직관능력을 아이는 총동원해서 외국인 선생님과 호흡했을 것이다. 그리고 아이가 정말 영어수업이 그날그날 재미있었음이 틀림이 없다는 사실이 더욱 좋았다. 자연스럽게 외국인들과 만날 수 있는 환경에 노출되어 있는 데서 얻은 언어로서의 영어능력 직관을 쌓은 것이다.

나의 딸아이가 고등학교 때 미국에 다녀왔던 짧은 시간을 지금도 아쉬워한다. 엄마의 비즈니스 행사의 컨벤션에 참여하기 위해서 미국에 짧은 시간을 다녀왔다. 딸아이는 영어를 배워서 외국에 나가려고 영어회화를 했지만 생각보다 기회가 빨리 찾아온 경우이다. 중학교, 고등학교 교과서로 책상에 앉아서 배우던 영어로는 의욕만 앞서고 용기 있게 외국인에게 다가가 말을 거는 것은 쉽지 않다. 영어유치원, 중, 고등학교 영어만으로도 충분히 영어를 말할 수 있었음에도 불구하고 자신감 있게 표현하지 못하는 것은 예나 지금이나 영어가 시험에 목적을 둔 학습의 대상으로 다가온다는 탓일 것이다. 말은 말을 해야 말을 잘할 수 있다. 외국인 속으로 노출될 시간이 없어서이다. 외국인과 평소에 대면으로 대화를 주고받는 습관이 이루어지지 않아서일 것이다.

지금은 꿈을 찾아 걸그룹으로 활동하는 내내 긴 시간의 미국과 해외를 나가고 싶어하고 동경하는 나라나 문화를 만나고 싶어한다. 딸에게 언어의 장벽은 많이 낮아지고 거리는 좁혀져 있음을 느낀다. 훗날 글로벌 무대에서 K-pop 아티스트로 활동할 때 큰 도움이 될 것이라는 확신을 해본다.

영어권의 네이티브 스피커(Native Speaker, 원어민)들은 문법에 직관능력이 있기 때문에 제2외국어로서의 언어학습자와 같은 문법의 어려움을 덜 겪는다.

이제는 인풋(Input)의 영어학습과 동시에 아웃풋(output)의 영어를 구사하기를 더욱 권유한다.

영어 언어 담화에 대한 Hoey(1983)(170-171)의 글 쓰기 관점에 대한 함의와 그 해석은 호이에 의해 다음과 같이 요약되어 있다.

"The write initiates his discourse with a first sentence...... The reader scans the first sentences and forms expectations as to the information that might follow. No harm is done by representing these expectations as questions. The write then offers a further sentence as an answer to one or more of his or her questions (or expectations). If something in the sentence signals that rhe question being answered is not one on the reader's short list, then the reader retrospectively has to re—create the question that it must be answering, and if this is in turn impossible, the reader assumes that the sentences are in fact unrelated and seeks a relation elsewhere in the discourse."

"작가는 첫 문장으로 자신의 담화를 시작한다. 독자는 첫 문장을 훑어 보고서, 뒤따를 법한 정보에 대해 기대치를 만든다. 이들 기대치를 질문 으로 표현해도 아무런 해가 없다. 다시 작가는 독자의 질문이나 기대치 하나 또는 그 이상에 대한 답변으로서 추가되는 문장을 제시한다. 만약 답변되고 있는 질문이 독자의 짤막한 질문 속에 들어 있는 것이 아님을 문장에 있는 어떤 것이 드러낸다면, 반사적으로 어떤 독자는 반드시 답변되어야 할 질문을 다시 생성해야 한다. 그리고 차례로 이런 일이 불가능하다면, 독자는 그 문장들이 실제적으로 관련되어 있지 않다고 가정하고서, 담화의 다른 곳에서 임의의 관련성을 찾게 된다."

영어의 output은 글쓰기와 말하기이다. 그러한 영어의 맥락 속에서 담화를 이끌어가는 방식이 영어언어구사에서 아주 중요하게 다루는 부분이다. 언어의 내재된 직관 능력을 글쓰기와 말하기에서 향상시켜보기를 권한다.

coffee and cookies

영어 문서 작성에도 기본 양식이 필요하다

양식에 맞게 써야 한다.

문법적으로 틀리지 말아야 한다.

적절한 단어를 사용하여야 한다.

오타가 있거나 철자가 틀리면 안 된다.

명쾌한 주제를 밝혀야 한다.

간결해야 한다.

일관된 주제를 다루어야 한다.

주제를 전개하는 과정에서 적합하고 상세한 묘사를 해야 한다.

글로벌 리더가 되어
세상의 주인공이 되라

Knowing is not enough; we must apply.
Willing is not enough; we must do.
아는 것만으로는 충분하지 않다. 반드시 적용해야 한다.
의지만으로는 충분하지 않다. 반드시 실행해야 한다.

− Johann Wolfgang von Goethe −

오로지 당신 자신에게 집중하라

더 큰 꿈을 위해서 더 크게 생각하라. 당신이 세운 목표를 향해서 열정을 불태워라. 본인의 영어학습을 위해서 보이는 곳에 세계지도나 지구본을 옆에 두고 자주 취지를 상기하고 목표에서 눈을 떼지 말아야 한다.

『글로벌 리더가 되려면 영어부터 정복하라』의 저자 서재희는 세상과 소통되는 영어와 절친되는 방법들과 경험들을 말한다. 이 책은 세계로 통하고, 세계 최상위권이 되는 영어공부법을 경험을 토대로 써 내려간 책이다.

"영어는 국제무대에 설 수 있는 수많은 기회를 제공하고 더 큰 세상으로 우리를 데려다주는 도구이다. 국제무대에서 여러 가지 상을 휩쓸며 큰 꿈을 가지게 되어 즐기면서 공부했더니 어느덧 세계 어느 나라 사람들과도 자유자재로 영어를 쓸 수 있는 사람이 되었다."라고 말한다.

영어를 흥미롭고 쉽게 공부할 수 있는 방법은 새로운 목표를 생기게 하고 더 큰 세계를 품을 수 있는 의욕을 생기게 했다고도 말한다. 도 그러한 동기가 새로운 인생의 전환점을 만날 수 있는 기회를 제공해 주었다고 한다.

영어를 잘 사용하여 세상의 징검다리가 되게 하라

이제는 문화혁명의 시대에 가치를 찾아야 하는 시대이다. 한국은 인구의 조밀지역에서 살고 있다. 땅은 좁고 인구는 많다. 전 세계에서 가장 짧은 시간에 지원을 받던 나라에서 지원을 하는 나라로 되었다. 영어를 잘 말하고 사용하여 글로벌로 나가 한국의 위상을 떨치고 역량을 발휘하여 이름을 널리 떨친 저명한 인사들은 많다.

2019년 글로벌 평화상을 수상한 반기문 (前)UN사무총장, 美 버라이어티가 선정한 세계적 음악 리더, 이수만, 방시혁 프로듀서, 한국의 위상을 크게 높이는 데 이바지해준 가수 싸이(PSY), 세상을 놀라게 한 방탄소년단(BTS), 또 이들의 에너지와 열정, 노력과 끈기로 이루어낸 한류 열풍들을 꼽을 수 있다.

나는 '다시 태어나도 이 길'이라는 모토를 선봉에 세우고 대입 검정고시에 도전해서 합격했다. 대학에서 임상병리학을 공부했다. 임상병리사 국가고시 면허증을 취득한 후 병·의원 진단의학과 검사실과 검진센터 병리 검사실에서 근무를 했다. 편입을 하고 대학원 석사·박사수료까지 영어영문학을 공부하는 동안 눈 떠 있는 동안은 늘 머리 속에서 성공이라는 하늘을 뒤덮을 만큼의 꿈이 있었기에 힘겨운 시간들을 견디어 올 수 있었다. 몸을 돌보지 않고 혹사하여 건강을 심하게 위협을 받은 적도 있다. 그래도 원하는 꿈을 이루었다. 그런데 성공했냐고 물으면 자신이 없다. 성공도 건강할 때는 당당하게 성공했노라! 하고 말할 수 있을 것이다. 건강이 동반되지 않는 삶에는 성공이란 허울 좋은 망상일 뿐이다.

순간순간 삶은 선택과 도전 그리고 좌절과 성공의 연속으로 이루어져 있다. 영어를 동반자 삼아 호주 시드니, 브리즈번, 미국 LA 에너하임, 오렌지카운티, 중국 상하이, 북경, 일본 오사카, 대마도, 말레이시아, 베트남, 태국, 캄보디아 등의 여러 나라들을 몇 차례 다녀왔다. 나에게 영어는 비즈니스의 도구로서, 여행의 지팡이와 같은 역학을 해주었다, 글로벌로 나가 원하는 꿈들을 펼칠 수 있는 우산이 되어주기도 했다.

꿈과 희망은 나의 삶에서 엄마 없는 하늘 아래 암울하고 빛이 보이지 않던 그 순간에도 촛불처럼 꺼지지 않고 기도하며 밝혀주던 삶의 원동력이고 자양분이었다. 구름 끼고 천둥번개가 치던 삶에도 형제자매는 따뜻한 혈의 뇌관이 되어 주었다. 지쳐 쓰러지고 희망도 꿈도 내동댕이쳐질 때 가족은 늘 그 자리에서 따뜻한 온기를 불어 넣어주고 응원의 갈채를 보냈다. 신앙과 신의 존재는 나에게 어떠한 상황에서도 삶을 포기하지 않고 삶을 살아서 신의 가호를 증거하게 하는 큰 등대가 되어주었다.

이 작은 글의 조각들이 누구에게나 선한 마음으로 믿음과 인격의 존중과 사랑과 실천으로 공존의 사회를 만드는 데 이바지할 수 있는 작은 역할을 해나가고 싶다. 작은 울림의 큰 효과를 줄 수 있는 이 글이 삶에 동기부여가 되고 영어의 항해를 해나가고 풍파를 헤쳐 나가는 길에 작은 역할이라도 도움이 되길 바란다.

미소는 본전이 필요 없다. 그런데도 이익은 막대하다.

맘껏 주어도 줄지 않고 받으면 풍요로워진다.

일순간의 미소만으로도 그 기억은 영원으로 이어진다.

– 데일 카네기

Success is doing what you want to do, when you want,
with whomever you want, as much as you want.
성공이란 당신이 원하는 때에, 좋아하는 사람과,
하고 싶은 일을 마음껏 하는 것이다.